*collection XVIIIe siècle
dirigée par Henri Coulet*

88-

FONTENELLE

RÊVERIES DIVERSES

OPUSCULES LITTÉRAIRES ET PHILOSOPHIQUES

Edition préfacée, établie et annotée
par Alain NIDERST

LES ÉDITIONS DESJONQUÈRES

Le titre *Rêveries diverses* nous a été suggéré par Fontenelle lui-même, qui baptise ainsi un fragment de son *Traité de la Raison Humaine* (*Œuvres*, 1766, t. IX, p. 354).

INTRODUCTION

Un homme illustre peut être un homme secret. Fontenelle fut l'oracle de maints salons, il fut couvert d'honneurs et de charges académiques, et pourtant nous ne saurons jamais exactement ce qu'il a écrit. Des livres lui furent attribués dès le XVIIIe siècle, qui ne lui doivent peut-être rien. Il laissa en revanche paraître sous l'anonymat, dans le *Mercure galant* ou d'autres gazettes, des pièces de prose ou de vers de sa main, et on affirme qu'il fut l'un des auteurs, peut-être l'auteur principal, d'ouvrages signés d'autres noms — tels les romans et les tragédies de Catherine Bernard, certains discours ou manifestes du Régent ou du cardinal Dubois[1].

Dans une aussi longue carrière, dans une œuvre aussi diverse, plusieurs zones peuvent se discerner. Un premier ensemble serait formé par tous les écrits officiels — *Histoire de l'Académie des Sciences*, éloges, discours à l'Académie française. Viendraient ensuite les textes qu'on dirait proprement littéraires — les petits vers parus dans le *Mercure*, les *Pastorales*, les *Héroïdes*, les *Lettres galantes*, les opéras, les tragédies et comédies, et, avec un arrière-fond philosophique plus ou moins marqué, les *Dialogues des Morts*, les *Entretiens sur la pluralité des mondes* et l'*Histoire des Oracles*. Il existe aussi une œuvre ésotérique, et c'est là que subsistent bien des ombres et des ambiguïtés : le *Traité de la Liberté* est certainement de Fontenelle, peut-être les *Remarques sur l'argument de Pascal et de Locke*, peut-être même l'*Histoire des Ajaoiens* et sans doute bien d'autres textes qu'il est presque impossible d'identifier.

Fontenelle a également composé une série d'opuscules, consacrés à des problèmes de critique littéraire, de politique, de morale, de philosophie. Ces textes furent écrits à des dates différentes et dans des circonstances différentes. Les essais de critique littéraire furent le fruit du hasard ou de la polémique. La *Lettre sur « La Princesse de Clèves »* ne peut être isolée de l'effort que fit Donneau de Visé, le directeur du *Mercure galant,* pour lancer en 1678 le roman de Mme de Lafayette. La *Description de l'Empire de la Poésie,* publiée la même année dans la même gazette, s'inscrit naturellement dans la querelle, née bien avant 1687, et, pour ainsi dire, dès le début du XVIIe siècle, entre les Anciens et les Modernes. La même querelle inspira à Fontenelle la *Digression sur les Anciens et les Modernes,* qu'il publia, en 1688, avec ses *Poésies Pastorales,* et parmi d'autres libelles plus ou moins provocants le *Parallèle de Corneille et de Racine,* qui fut imprimé en 1693 sur une feuille volante. Quand La Motte, l'ami et le disciple de Fontenelle, eut été attaqué par ce qu'on peut appeler « les néo-anciens », Mme Dacier, Jean-Baptiste Rousseau, Voltaire, il composa pour le défendre le traité *Sur la Poésie, en général,* publié dans l'édition de 1751 des *Œuvres complètes.*

C'est également la polémique qui lui fit écrire la *Relation de l'île de Bornéo,* qui parut en janvier 1686, trois mois après la révocation de l'Edit de Nantes ; et les *Fragments de ce que M. de Fontenelle appelait sa République* peuvent bien ressembler à une utopie, ils se situent visiblement parmi les réflexions et les discussions des réformateurs de la fin du règne de Louis XIV et de la Régence ; laissés inachevés, ils ne furent édités qu'en 1758, un an après la mort du philosophe.

Les opuscules de morale ou de philosophie — *Sur le Bonheur, De l'Existence de Dieu, De l'Origine des fables* — virent le jour dans de tout autres circonstances. Rédigés dans la solitude pour poser et, si possible, résoudre un problème précis, dans les dernières années du XVIIᵉ siècle (selon Trublet[2], entre 1691 et 1699), ils ne furent publiés qu'en 1724[3]. Sans doute sur la suggestion du libraire — car Fontenelle ne paraît pas y avoir attaché grande importance ni en avoir attendu beaucoup de gloire[4]. A sa mort il laissa d'autres « rêveries diverses », des ébauches de traités *De la raison humaine* et *De la connaissance de l'esprit humain,* et un court essai *Sur l'instinct* : textes que nous avons éliminés, car trop décousus et trop semblables à des brouillons, et d'ailleurs un peu trop « métaphysiques » pour notre recueil.

Les frontières que nous avons cru établir sont peut-être trop rigides. Le bel esprit, le polémiste, l'orateur officiel, le philosophe, se retrouvent, à la rigueur, dans chaque écrit. Les occasions d'écrire, les premiers buts qu'il se propose, peuvent différer d'un ouvrage à l'autre. Il demeure le même malgré les circonstances ou d'apparentes métamorphoses . Que nous dit-il ? D'abord de penser juste et « à fond ». C'est-à-dire de ne pas nous payer de mots, de jeter sur les fables, les autorités, les traditions, un regard intrépide. C'est en ce sens qu'il peut être dit cartésien. L'auteur des *Méditations* a bâti un système bien téméraire et bien douteux[5]. Mais il « nous a amené cette nouvelle méthode de raisonner beaucoup plus estimable que sa philosophie même, dont une bonne partie se trouve fausse ou incertaine, selon les propres règles qu'il nous a apprises »[6], et même *La Princesse de Clèves,* il faut l'aborder en « géomètre », et ne faire foi, avant de l'avoir lu, ni à ses admirateurs ni à ses détracteurs. « Précision et justesse » sont les principes essentiels.

Cette méthode sert d'abord à détruire, ou du moins à disqualifier. Les fables ne sont pas seulement la mythologie, qu'on a tort de vouloir sauver en croyant que les plus profondes vérités y sont contenues. Les fables sont toutes les croyances mal justifiées dont l'esprit humain s'embarrasse trop aisément. Précipitation et prévention, comme l'a dit Descartes, se retrouvent toujours. On observe mal, et on exagère — par vanité ou par esprit de système. Ensuite on se forge d'autres fictions analogues à celles qui sont reçues, et « le respect de l'antiquité » rend toutes ces erreurs presque indéracinables.

Il n'est pas vrai que la Haute-Poésie — et en particulier le « sublime » — soient au zénith de la littérature. Il n'est pas vrai que l'imitation des Anciens soit féconde et, pour ainsi dire, inévitable. Il n'est pas vrai que les images fabuleuses — soit la mythologie — soient un plus bel ornement que les images réelles. Il n'est pas vrai que les privilèges de la naissance ni l'hérédité des charges soient naturelles ni utiles à l'Etat.Il n'est pas vrai que la philosophie puisse nous transformer, et nous rendre heureux, si notre tempérament ne nous y porte pas. Il faut abandonner toutes les preuves métaphysiques de l'existence de Dieu, si bien fondées qu'elles semblent, et auréolées, dans toutes les écoles, du prestige d'Aristote, de saint Augustin, de saint Thomas, voire de Descartes.

Mieux vaut, comme dira Rousseau, être homme à paradoxes qu'homme à préjugés, et Fontenelle pousse assez loin, bien plus loin qu'on ne croirait, son humeur dévastatrice. A la relative prudence de la *Digression sur les Anciens et les Modernes* s'oppose l'audace provocatrice de textes moins officiels, et en particulier du *Parallèle de Corneille et de Racine*. Au soir de sa vie, pour justifier La Motte, à qui on a si souvent reproché d'être plus philosophe que poète, Fontenelle osera dire que les charmes de la poésie se ramènent, au fond, à une sorte d'harmonie et au « plaisir de la difficulté vaincue », puisque le poète, malgré les gênes de la versification, parvient à s'exprimer ; il ajoutera que les grâces de la mythologie sont fanées, qu'on peut aimer des poètes qui fassent penser ou même s'élèvent à la métaphysique, que l'inspiration, si souvent glorifiée, est comparable à l'instinct animal, que l'humanité renoncera peut-être un jour aux vers, qui ont quelque chose de puéril, et que donc la philosophie vaincra la poésie qui l'entrave.

Il ne se contente pas de critiquer, ce qu'après tout Fénelon et même Bossuet eussent accepté, les inégalités de l'Ancien Régime. Il «pense plus loin» : tous les citoyens seront soldats, tous les métiers seront honorables, la monarchie sera abolie et remplacée par un emboîtement de conseils.

Il ne prétend proposer pour être heureux que des maximes simples et adaptées aux «caractères doux et modérés». Cela l'entraîne à souligner que nous souffrons souvent de maux imaginaires, que nous avons tort de nous croire inconsolables et d'hypertrophier nos douleurs, bref que notre orgueil est sans doute le principal fauteur de nos souffrances, et comme il convient aussi de renoncer au faste et au fracas des passions, ne restera qu'un bonheur sec et modeste, méthodiquement calculé et privé de tout éclat.

Dieu se démontre par l'existence des premiers animaux de chaque espèce, qui n'ont pu naître spontanément de la terre. Mais il faut bien des acrobaties plus ou moins caricaturales pour admettre la résurrection des corps, et le calvinisme paraît plus raisonnable que le catholicisme qui s'embarrasse de dogmes bizarres ou risibles — les indulgences, le culte des saints, la communion sous deux espèces.

Nous étions partis avec confiance pour appliquer la méthode cartésienne. Nous pensions ainsi apporter dans tous les domaines un peu plus de lumière. La lumière est venue, mais a, pour ainsi dire, ravagé tout l'ancien monde. La littérature s'est presque évanouie pour laisser la place à la philosophie et à la physique. La métaphysique et la théologie ont coulé. La monarchie et les trois ordres se sont effondrés. De l'autre côté de la colline s'élève une utopie : des hommes modestes, qui ne font confiance qu'à leurs lumières et à leurs expériences ; ils sont heureux, car ils ont renoncé à tout ce que leur avaient appris les prêtres et les ancêtres ; ils sont doux, et presque sans passion ; ils accomplissent leur devoir, ce qui consolide leur bonheur et leur permet, sans lois trop rigides, sans châtiments épouvantables, de constituer une république sereine et pacifique.

Les fils de Fontenelle ne sont pas seulement La Motte et Marivaux, qui lui doivent tant et ont si souvent proclamé leur dette. Il faut leur ajouter Jean-Jacques Rousseau, qui l'a tant admiré, et de façon bien plus didactique, en renonçant au bel esprit et à tous ses agréments, a pratiqué un peu la même méthode pour parvenir un peu au même idéal.

Alain NIDERST

NOTE SUR LE TEXTE

Nous avons pris les textes dans la grande édition du XVIIIᵉ siècle, commencée du vivant de Fontenelle et achevée par Trublet (Paris, M. Brunet, 1751-1761). Trois opuscules manquent dans cette édition : la *Lettre sur « La Princesse de Clèves »*, la *Relation de l'île de Bornéo*, la *Lettre à M. de La Fare* : nous les avons empruntés à l'édition Depping de 1818.

L'orthographe et la ponctuation sont uniformisées et modernisées.

NOTES DE L'INTRODUCTION

1. Voir Trublet, *Mémoires pour servir* [...], pp. 24 et 301 ; Alain Niderst, *Fontenelle à la recherche de lui-même*, pp. 20-26.
2. Trublet, *op. cit.*, p. 294 et 299.
3. Dans l'édition des *Œuvres diverses*, Paris, M. Brunet, 1724.
4. On sait que le bel esprit ne s'astreignait pas à relire les textes écrits longtemps avant leur publication : c'est ainsi que l'*Histoire du théâtre français*, publiée en 1742 et composée une cinquantaine d'années plus tôt, contient dans le texte imprimé une infinité d'erreurs, parfois graves (touchant des noms propres, confondus ou mal orthographiés).
5. Voir la *Digression sur les Anciens et les Modernes*.
6. *Ibid.*

CHRONOLOGIE DE LA CARRIÈRE
ET DES OPUSCULES DE FONTENELLE

1657 (11 février) : Naissance de Bernard Le Bovier de Fontenelle, fils de François, avocat au parlement de Rouen, et de Marthe Corneille, sœur de Pierre et Thomas.

1665-1672 : Etudes chez les jésuites au collège de Bourbon de Rouen.

1678 : (janvier) : publication dans le *Mercure galant* de la *Description de l'Empire de la Poésie.*

1678 (mai) : Publication dans le *Mercure galant* de la *Lettre sur « La Princesse de Clèves ».*

1686 (janvier) : Publication dans les *Nouvelles de la République des Lettres* de la *Relation curieuse de l'île de Bornéo.*

1688 : Publication de la *Digression sur les Anciens et les Modernes,* avec les *Poésies Pastorales, Le retour de Climène* et le *Discours sur la nature de l'églogue,* Paris, M. Guérout.

1691 (5 mai) : Réception de Fontenelle à l'Académie française.

1693 (juillet) : Publication sur une feuille volante du *Parallèle de Corneille et de Racine.*

1697 (novembre) : Fontenelle inaugure ses fonctions de secrétaire à l'Académie des sciences.

1724 : Publication de *Du Bonheur, De l'origine des fables, De l'existence de Dieu* (écrits entre 1691 et 1699), parmi les *Œuvres diverses,* Paris, M. Brunet.

1740 : Fontenelle se retire du secrétariat de l'Académie des sciences.

1751 : Publication de la *Lettre au marquis de La Fare* « sur la résurrection des corps » (écrite vers 1700) dans le t. I du *Petit réservoir,* Berlin, J. Neaulme.

1751 : Publication du traité *Sur la Poésie, en général* (écrit vers 1740), dans le t. VII des *Œuvres,* Paris, M. Brunet.

1757 (9 janvier) : Mort de Fontenelle.

1758 : Publication des *Fragments de ce que M.D.F... appelait sa République* (écrits vers 1710) dans le t. X des *Œuvres complètes,* Paris, M. Brunet .

INDICATIONS BIBLIOGRAPHIQUES

ÉDITIONS D'ŒUVRES DE FONTENELLE :

Œuvres complètes, Paris, M. Brunet, 1751-1761, 11 vol.
Œuvres complètes, Paris, Les libraires associés, 1766, 11 vol.
Œuvres complètes, éd. Depping, Paris, Belin, 1818, 3 vol.
Œuvres complètes, éd. Alain Niderst, Paris, Fayard (Corpus des philosophes de langue française), 1988-1995, 8 vol.
Textes choisis, éd. Maurice Roelens, Paris, Editions Sociales, 1967.
Histoire des Oracles, éd. Louis Maigron, Paris, Cormély, 1908.
De l'Origine des Fables, éd. Jean-Raoul Carré, Paris, Alcan, 1932.
Entretiens sur la pluralité des mondes habités, Digression sur les Anciens et les Modernes, éd. R. Shackleton, Oxford, Clarendon Press, 1955.
Lettres galantes, éd. Daniel Delafarge, Paris, Les Belles-Lettres, 1961.
Entretiens sur la pluralité des mondes habités, éd. Alexandre Calame, Paris, Didier, 1966.
Nouveaux Dialogues des Morts, éd. Jean Dagen, Paris, Didier, 1971.

ÉTUDES SUR FONTENELLE :

Louis Maigron, *Fontenelle, l'homme, l'œuvre, l'influence*, Paris, Plon-Nourrit, 1906; Genève, Slatkine, 1970.
Jean-Raoul Carré, *La Philosophie de Fontenelle, ou le sourire de la raison*, Paris, Alcan, 1932.
François Grégoire, *Fontenelle, une philosophie désabusée*, Nancy, G. Thomas, 1947.
Arnaldo Pizzorusso, *Il Ventaglio e il compasso, Fontenelle e le sue teorie letterarie*, Napoli, Edizioni scientifiche italiane, 1964.
Alain Niderst, *Fontenelle à la recherche de lui-même (1657-1702)*, Paris, Nizet, 1972 ; *Actes du Colloque Fontenelle (Rouen, 1987)*, Paris, P.U.F., 1989 ; *Fontenelle*, Paris, Plon (Collection Biographique), 1991.
Maria Teresa Marcialis, *Fontenelle, un filosofo mondano*, Sassari, Gellizi, 1978.
Marie-France Mortureux, *La Formation et le fonctionnement d'un dis-*

cours de la vulgarisation scientifique, au XVIIIe siècle, à travers l'œuvre de Fontenelle, Paris, Didier, 1989.

OUVRAGES D'HISTOIRE LITTÉRAIRE ET D'HISTOIRE DES IDÉES :

Antoine Adam, *Les libertins au XVIIe siècle*, Paris, Buchet-Chastel, 1964.

Paul Bénichou, *Morales du grand siècle*, Paris, Gallimard, 1948.

Léon Brunschvicg, *Le progrès de la conscience dans la philosophie occidentale*, Paris, P.U.F., 1953.

Henri Busson, *La religion des classiques (1660-1685)*, Paris, P.U.F., 1948.

Henri Coulet, *Le roman jusqu'à la Révolution*, Paris, A. Colin, 1967, 2 vol.

Jean Erhard, *L'idée de nature en France dans la première moitié du XVIIIe siècle*, Paris, S.E.V.P.E.N., 1963, 2 vol.

Robert Mauzi, *L'idée de bonheur dans la littérature et la pensée françaises au XVIIIe siècle*, Paris, A. Colin, 1960.

Daniel Mornet, *Les origines intellectuelles de la Révolution française*, Paris, A. Colin, 1947.

René Pomeau, *L'Age classique, 1680-1720*. Paris, Arthaud,1971.

OUVRAGES ANTÉRIEURS AU XIXe SIÈCLE :

Catherine Bernard, *Eléonor d'Ivrée*, Paris, M. Guérout, 1687.

Catherine Bernard, *Inès de Cordoue*, Paris, M. et G. Jouvenel, 1696.

Catherine Bernard, *Le comte d'Amboise*, La Haye, A. de Hondt et J. Van Ellinckuysen, 1689.

François-Joachim de Pierres, cardinal de Bernis, *Œuvres complètes*, Londres, 1767.

Dominique Bouhours, *Les Entretiens d'Ariste et d'Eugène*, Paris, S. Mabre-Carmoisy, 1671.

Le Commentaire Royal ou l'Histoire des Yncas, rois du Pérou [...], tr. par Jean Baudoin, Paris, A. Courbé, 1633.

Philippe Couplet, *Confucius Sinorum philosophus sive scientia sinensis latine exposita*, Paris, H. Horthemels, 1687.

Hérodote, *Histoires*, p. p. Pierre-Henri Larcher et François Hartog, Paris, F. Maspero, 1980.

Antoine Houdar de La Motte, *Œuvres complètes*, Paris, Prault l'aîné, 1754.

Pierre-Daniel Huet, *Demonstratio Evangelica*, Paris, S. Michallet, 1679.

Pierre-Daniel Huet, *Traité de l'origine des romans*, Paris, T. Moette, 1685.

Isaac Jaquelot, *Dissertations sur l'existence de Dieu, où l'on démontre cette vérité par l'histoire universelle de la première entité du monde, par la réfutation du système d'Epicure et de Spinoza*, La Haye, E. Foulque, 1697.

Pierre Le Moyne, *Œuvres poétiques*, Paris, T. Jolly, 1672.

Hilaire-Bernard Requeleyne de Longepierre, *Discours sur les anciens*, Paris, P. Aubouin, 1687.

Hilaire-Bernard Requeleyne de Longepierre, *Idylles*, Paris, P. Aubouin, 1686.

Nicolas Malebranche, *Œuvres complètes*, p. p. André Robinet, Paris, Vrin, 1958-1984, 22 vol.

Ovide, *Les Métamorphoses*, p. p. Georges Lafaye, Paris, Les Belles-Lettres, 1928.

Charles Perrault, *Parallèles des Anciens et des Modernes*, Paris, J.-B. Coignard, 1688-1694, 4 vol.

Charles Perrault, *Le Siècle de Louis-le-grand*, Paris, J.-B. Coignard, 1687.

Pièces de poésie qui ont remporté le prix de l'Académie française depuis 1662 jusqu'en 1747, Paris, Brunet, 1750.

René Rapin, *Œuvres*, La Haye, P. Gosse, 1725.

Charles de Saint-Evremond, *Œuvres en prose*, p. p. René Ternois, Paris, Didier, 1962-1969, 4 vol

César Vichard de Saint-Réal, *Œuvres*, Paris, F. L'Honoré et fils, 1740.

Louis de Rouvroy, duc de Saint-Simon, *Mémoires*, p. p. Alexandre de Boislisle, Paris, Hachette, 1879-1931, 43 vol.

Baruch Spinoza, *Œuvres complètes*, p. p. Roland Caillois, Madeleine Francès et Robert Misrahi, Paris, Gallimard (La Pléiade), 1988.

Louis Thomassin, *La Méthode d'étudier et d'enseigner chrétiennement et solidement la philosophie par rapport à la religion chrétienne et aux Ecritures*, Paris, F. Muguet, 1685.

Louis Thomassin, *La Méthode d'étudier et d'enseigner chrétiennement et solidement les lettres humaines par rapport aux lettres divines et aux Ecritures*, Paris, F. Muguet, 1681-1683.

Nicolas-Charles-Joseph Trublet, *Mémoires pour servir à l'histoire de la vie et des ouvrages de M. de Fontenelle*, Amsterdam, M.-M. Rey, 1759.

PÉRIODIQUES DES XVIIe ET XVIIIe SIÈCLES :

Mercure galant, Mercure de France, Paris, 1672-1789.
Nouvelles de la République des Lettres, Amsterdam, 1684-1718.

MANUSCRITS CLANDESTINS :

L'Ame matérielle (Arsenal 2239, Mazarine 1189), p. p. Alain Niderst, Rouen, Publications de l'Université de Rouen, 1971.

Des Miracles, Des Oracles (Mazarine 1194, 1195) p. p. Alain Niderst, Paris, Universitas, 1994.

RÊVERIES DIVERSES

OPUSCULES LITTÉRAIRES
ET PHILOSOPHIQUES

DESCRIPTION DE L'EMPIRE DE LA POÉSIE

Cet empire est un grand pays très peuplé. Il est divisé en Haute et Basse-Poésie, comme le sont la plupart de nos provinces. La Haute-Poésie est habitée par des gens graves, mélancoliques, renfrognés, et qui parlent un langage qui est à l'égard des autres provinces de la Poésie, ce qu'est le bas-breton pour le reste de la France. Tous les arbres de la Haute-Poésie portent leurs têtes jusques dans les nues. Les chevaux y valent mieux que ceux qu'on nous amène de Barbarie, puisqu'ils vont plus vite que les vents ; et pour peu que les femmes y soient belles, il n'y a plus de comparaison entre elles et le soleil.

Cette grande ville que la carte vous représente au-delà des hautes montagnes que vous voyez, est la capitale de cette province, et s'appelle le *Poème Epique*. Elle est bâtie sur une terre sablonneuse et ingrate, qu'on ne se donne presque pas la peine de cultiver. La ville a plusieurs journées de chemin, et elle est d'une étendue ennuyeuse[1]. On trouve toujours à la sortie des gens qui s'entre-tuent, au lieu que quand on passe par le Roman, qui est le faubourg du Poème Epique, et qui est cependant plus grand que la ville, on ne va jamais jusqu'au bout, sans rencontrer des gens dans la joie, et qui se préparent à se marier.

Les montagnes de la Tragédie sont aussi dans la province de la Haute-Poésie. Ce sont des montagnes escarpées, et où il y a des précipices très dangereux. Aussi la plupart des gens bâtissent dans les vallées, et s'en trouvent bien. On découvre encore sur ces montagnes de fort belles ruines de quelques villes anciennes, et de temps en temps on en apporte les matériaux dans les vallons, pour en faire des villes toutes nouvelles, car on ne bâtit presque plus si haut[2].

La Basse-Poésie tient beaucoup des Pays-Bas ; ce ne sont que marécages. Le Burlesque en est la capitale. C'est une ville située dans des étangs très bourbeux. Les princes y parlent comme des gens de néant, et tous les habitants en sont Tabarins nés[3].

La Comédie est une ville dont la situation est beaucoup plus agréable ; mais elle est trop voisine du Burlesque, et le commerce qu'elle a avec cette ville lui fait tort[4].

Remarquez, je vous prie, dans cette carte les vastes solitudes qui sont entre la Haute et la Basse-Poésie. On les appelle les *Déserts du Bon Sens*. Il n'y a point de ville dans cette grande étendue de pays, mais seulement quelques cabanes assez éloignées les unes des autres. Le dedans du pays est beau et fertile, mais il ne faut pas s'étonner de ce qu'il y a si peu de gens qui s'avisent d'y aller demeurer ; c'est que l'entrée en est extrêmement rude de tous côtés, les chemins étroits et difficiles, et on trouve rarement des guides qui puissent y servir de conducteurs.

D'ailleurs ce pays confine avec une province où tout le monde s'arrête, parce qu'elle paraît très agréable, et on ne se met plus en peine de pénétrer jusques dans les Déserts du Bon Sens. C'est la province des Pensées Fausses. On n'y marche que sur les fleurs ; tout y rit, tout y paraît enchanté, mais ce qu'il y a d'incommode, c'est que la terre n'en étant pas solide, on y enfonce partout, et on n'y saurait tenir pied. L'Elégie en est la principale ville, on n'y entend que des gens plaintifs, mais on dirait qu'ils se jouent en se plaignant[5]. La ville est tout environnée de bois et de rochers, où les habitants vont se promener

seuls ; ils les prennent pour confidents de tous leurs
secrets ; et ils ont tant de peur d'être trahis, qu'ils leur
recommandent souvent le silence.

Deux rivières arrosent le pays de la Poésie. L'une est la
rivière de la Rime, qui prend sa source au pied des montagnes de la Rêverie. Ces montagnes ont quelques pointes
si élevées, qu'elles donnent presque dans les nues. On les
appelle les *Pointes des Pensées Sublimes*. Plusieurs y arrivent
à force d'efforts surnaturels ; mais on en voit tomber une
infinité qui sont longtemps à se relever, et dont la chute
attire la raillerie de ceux qui les ont d'abord admirés sans
les connaître[6]. Il y a de grandes esplanades qu'on trouve
presque au pied de ces montagnes, et qui sont nommées
les *Terrasses des Pensées Basses*. On y voit toujours un fort
grand nombre de gens qui se promènent. Au bout de ces
Terrasses sont les Cavernes des Rêveries Creuses. Ceux
qui y descendent le font insensiblement, et s'ensevelissent
si fort dans leurs rêveries, qu'ils se trouvent dans ces
Cavernes sans y penser. Elles sont pleines de détours qui
les embarrassent, et on ne saurait croire la peine qu'ils se
donnent pour en sortir. Sur ces mêmes Terrasses sont
certaines gens, qui ne se promenant que dans des chemins faciles, qu'on appelle *Chemins des Pensées Naturelles*,
se moquent également et de ceux qui veulent monter aux
Pointes des Pensées Sublimes, et de ceux qui s'arrêtent
sur l'esplanade des Pensées Basses. Ils auraient raison,
s'ils pouvaient ne point s'écarter, mais ils succombent
presque aussitôt à la tentation d'entrer dans un palais fort
brillant qui n'est pas fort éloigné. C'est celui de la
Badinerie. A peine y est-on entré, qu'au lieu de Pensées
naturelles qu'on avait d'abord, on n'en a plus que de ram-
pantes[7]. Ainsi ceux qui n'abandonnent point les chemins
faciles, sont les plus raisonnables de tous. Ils ne s'élèvent
qu'autant qu'il faut, et le bon sens se trouve toujours dans
leurs pensées.

Outre la rivière de la Rime, qui naît au pied des montagnes dont je viens de faire la description, il y en a une autre nommée la *Rivière de la Raison*. Ces deux rivières sont assez éloignées l'une de l'autre, et comme elles ont un cours très différent, on ne les saurait communiquer que par des canaux qui demandent un fort grand travail ; encore ne peut-on pas tirer ces canaux de communication en tout lieu, parce qu'il n'y a qu'un bout de la rivière de la Rime qui réponde à celle de la Raison ; et de là vient que plusieurs villes situées sur la Rime, comme le Virelai, la Ballade et le Chant Royal, ne peuvent avoir aucun commerce avec la Raison, quelque peine qu'on y puisse prendre. De plus, il faut que ces canaux passent par les Déserts du Bon Sens, comme vous le voyez par la carte, et c'est un pays presque inconnu. La Rime est une grande rivière dont le cours est fort tortueux et inégal, et elle fait des sauts très dangereux pour ceux qui se hasardent à y naviguer. Au contraire, le cours de la rivière de la Raison est fort égal et fort droit, mais c'est une rivière qui ne porte pas toutes sortes de vaisseaux.

Il y a dans le pays de la Poésie une forêt très obscure et où les rayons du soleil n'entrent jamais. C'est la forêt du Galimatias. Les arbres en sont épais, touffus, et tous entrelacés les uns dans les autres. La forêt est si ancienne, qu'on s'est fait une espèce de religion de ne point toucher à ses arbres, et il n'y a pas d'apparence qu'on ose jamais la défricher. On s'y égare aussitôt qu'on y a fait quelques pas, et on ne saurait croire qu'on se soit égaré. Elle est pleine d'une infinité de labyrinthes imperceptibles, dont il n'y a personne qui puisse sortir. C'est dans cette forêt que se perd la rivière de la Raison.

La grande province de l'Imitation est fort stérile, et ne produit rien. Les habitants y sont très pauvres, et vont glaner dans les campagnes de leurs voisins. Il y en a quelques-uns qui s'enrichissent à ce métier-là[8].

La Poésie est très froide du côté du septentrion, et par conséquent ce sont les pays les plus peuplés. Là sont les villes de l'Acrostiche, de l'Anagramme et des Bouts-Rimés. Enfin dans cette mer qui borne d'un côté les états de la Poésie, est l'île de la Satire, tout environnée de flots amers. On y trouve bien des salines, et principalement de sel noir. La plupart des ruisseaux de cette île ressemblent au Nil. La source en est inconnue ; mais ce qu'on y remarque de particulier, c'est qu'il n'y en a pas un d'eau douce.

Une partie de la même mer s'appelle l'*Archipel des Bagatelles*. Ce sont quantité de petites îles semées de côté et d'autre, où il semble que la nature se joue comme elle fait dans la mer Egée. Les principales sont les îles des Madrigaux, des Chansons, des Impromptus. On peut dire qu'il n'y a rien de plus léger, puisqu'elles flottent toutes sur l'eau[9].

LETTRE SUR « LA PRINCESSE DE CLÈVES »

Je sors présentement, monsieur, d'une quatrième lecture de *La Princesse de Clèves*, et c'est le seul ouvrage de cette nature que j'aie pu lire quatre fois. Vous m'obligeriez fort, si vous vouliez bien que ce que je viens de vous en dire passât pour son éloge, sans qu'il fût besoin de m'engager dans le détail des beautés que j'y ai trouvées. Il vous serait aisé de juger qu'un géomètre comme moi, l'esprit tout rempli de mesures et de proportions, ne quitte point son *Euclide* pour lire quatre fois une nouvelle galante, à moins qu'elle n'ait des charmes assez forts pour se faire sentir à des mathématiciens mêmes, qui sont peut-être les gens du monde sur lesquels ces sortes de beautés trop fines et trop délicates font le moins d'effet. Mais vous ne vous contentez point que j'admire en gros et en général *La Princesse de Clèves*, vous voulez une admiration plus particulière, et qui examine l'une après l'autre les parties de l'ouvrage. J'y consens, puisque vous exigez cela de moi si impitoyablement ; mais souvenez-vous toujours que c'est un géomètre qui parle de galanterie[1].

Sachez d'abord que j'ai attendu *La Princesse de Clèves* dans cette belle neutralité que je garde pour tous les ouvrages dont je n'ai point jugé par moi-même. Elle avait fait grand bruit par les lectures ; la renommée publiait son mérite dans nos provinces longtemps avant qu'on l'y vît paraître ; et en prévenant les uns en sa faveur, elle en avait donné des impressions désavantageuses aux autres, car il y a toujours des gens qui se préparent avec une maligne joie à critiquer ces ouvrages que l'on a tant vantés par avance, et qui veulent y trouver des défauts à quelque prix que ce soit pour n'être pas confondus dans la foule de ceux qui les admirent. Pour moi, j'ai attendu à juger de *La Princesse de Clèves* que je l'eusse lue, et sa lecture m'a entièrement déterminé à suivre le parti de ses approbateurs[2]. Le dessein m'en a paru très beau. Une femme qui a pour son mari toute l'estime que peut mériter un très honnête homme, mais qui n'a que de l'estime, et qui se sent entraînée d'un autre côté par un penchant qu'elle s'attache sans cesse à combattre et à surmonter en prenant les plus étranges résolutions que la plus austère vertu puisse inspirer, voilà assurément un fort beau plan. Il n'y a rien qui soit ménagé avec plus d'art que la naissance et les progrès de sa passion pour le duc de Nemours. On se plaît à voir cet amour croître insensiblement par degrés, et à le conduire des yeux jusqu'au plus haut point où il puisse monter dans une si belle âme. Le lecteur est si intéressé pour monsieur de Nemours et pour madame de Clèves, qu'il voudrait les voir toujours l'un et l'autre. Il semble qu'on lui fait violence pour lui faire tourner ses regards ailleurs ; et pour moi la mort de madame de Tournon m'a extrêmement fâché[3]. Voilà le malheur de ces actions principales qui sont si belles. On n'y voudrait point d'épisodes[4]. Je veux dire là-dessus que j'ai toujours été obligé à Virgile des digressions qu'il a pratiquées dans ses *Géorgiques* ; mais que pour celles qu'Ovide a mêlées dans *l'Art d'aimer*, je n'ai pu les lui pardonner.

Les plaintes que fait monsieur de Clèves à mademoiselle de Chartres, lorsqu'il est sur le point de l'épouser, sont si belles, qu'il me souvient encore qu'à ma seconde lecture je brûlais d'impatience d'en être là, et que je ne pouvais m'empêcher de vouloir un peu de mal à ce plan de la cour de Henri II et à tous ces mariages proposés et

rompus qui reculaient si loin ces plaintes qui me char-
maient. Bien des gens ont été pris à ce plan. Ils croyaient
que tous les personnages dont on y fait le portrait, et tous
les divers intérêts qu'on y explique, dussent entrer dans le
corps de l'ouvrage, et se lier nécessairement avec ce qui
suivrait ; mais je m'aperçus bien d'abord que l'auteur
n'avait eu dessein que de nous donner une vue ramassée
de l'histoire de ce temps-là[5].

L'aventure du bal[6] m'a semblé la plus jolie et la plus
galante du monde, et l'on prend dans ce moment-là pour
monsieur de Nemours et pour madame de Clèves
l'amour qu'ils prennent l'un pour l'autre. Y-a-t-il rien de
plus fin que la raison qui empêche madame de Clèves
d'aller au bal du maréchal de Saint-André, que la manière
dont le duc de Nemours s'aperçoit de cette raison, que la
honte qu'a madame de Clèves qu'il s'en aperçoive, et la
crainte qu'elle avait qu'il ne s'en aperçût pas ? L'adresse
dont madame de Chartres se sert pour tâcher à guérir sa
fille de sa passion naissante, est encore très délicate, et la
jalousie dont madame de Clèves est piquée en ce
moment-là, fait un effet admirable. Enfin, monsieur, si je
voulais vous faire remarquer tout ce que j'ai trouvé de
délicat dans cet ouvrage, il faudrait que je copiasse ici
tous les sentiments de monsieur de Nemours, et de
madame de Clèves.

Nous voici à ce trait si nouveau et si singulier, qui est
l'aveu que madame de Clèves fait à son mari de l'amour
qu'elle a pour le duc de Nemours[7]. Qu'on raisonne tant
qu'on voudra là-dessus, je trouve le trait admirable et très
bien préparé : c'est la plus vertueuse femme du monde
qui croit avoir sujet de se défier d'elle-même, parce
qu'elle sent son cœur prévenu malgré elle en faveur d'un
autre que de son mari. Elle se fait un crime de ce penchant tout involontaire et tout innocent qu'il est. Elle
cherche du secours pour le vaincre. Elle doute qu'elle eût

la force d'en venir à bout si elle s'en fiait à elle seule ; et pour s'imposer encore une conduite plus austère que celle que sa propre vertu lui imposerait, elle fait à son mari la confidence de ce qu'elle sent pour un autre. Je ne vois rien à cela que de beau et d'héroïque. Je suis ravi que monsieur de Nemours sache la conversation qu'elle a avec son mari, mais je suis au désespoir qu'il l'écoute. Cela sent un peu les traits de L'Astrée[8].

L'auteur a fait jouer un ressort bien plus délicat pour faire répandre dans la cour une aventure si extraordinaire. Il n'y a rien de plus spirituellement imaginé que le duc de Nemours qui conte au vidame son histoire particulière en termes généraux[9]. Tous les embarras que cela produit sont merveilleux.

A dire vrai, monsieur, il me semble que monsieur de Nemours a un peu de tort de faire un voyage à Coulommiers de la nature de celui qu'il y fit, et monsieur de Clèves a également tort d'en mourir de chagrin. On admire la sincérité qu'eut madame de Clèves, d'avouer à son mari son amour pour monsieur de Nemours ; mais quand monsieur de Nemours qui doit croire tout au moins qu'il est extrêmement suspect à monsieur de Clèves, s'informe devant lui, et assez particulièrement, de la disposition de Coulommiers, j'admire avec quelle sincérité il lui avoue le dessein qu'il a d'aller voir sa femme. D'ailleurs entrer de nuit chez madame de Clèves en sautant les palissades, c'est faire une entrée un peu triomphante chez une femme qui n'en est pas encore à souffrir de pareilles entrées[10]. Enfin monsieur de Clèves tire des conséquences un peu trop fortes de ce voyage. Il devait s'éclaircir de toutes choses plus particulièrement, et je trouve qu'en cette rencontre ni l'amant ni le mari n'ont assez bonne opinion de la vertu de madame de Clèves, dont ils avaient pourtant l'un et l'autre des preuves assez extraordinaires[11].

Ce qui suit la mort de monsieur de Clèves, la conduite de madame de Clèves, sa conversation avec monsieur de Nemours, sa retraite, tout m'a paru très juste. Il y a je ne sais quoi qui m'empêche de mettre au même rang le peintre et l'apparition de monsieur de Nemours dans le jardin[12]. Il me reste à vous proposer un petit scrupule d'histoire.

Tout ce que madame de Chartres apprend à sa fille de la cour de François 1er, et tout ce que la reine-dauphine apprend à madame de Clèves de celle d'Henri VIII, étaient-ce des particularités assez cachées dans ce temps-là pour n'être pas sues de tout le monde ? Car il est certain que depuis toutes les histoires en ont été pleines, jusque-là que moi-même je les savais.

Adieu, monsieur, tenez-moi compte de l'effort que je viens de me faire pour vous contenter.

DIGRESSION SUR LES ANCIENS
ET LES MODERNES

Toute la question de la prééminence entre les anciens et les modernes étant une fois bien entendue, se réduit à savoir si les arbres qui étaient autrefois dans nos campagnes étaient plus grands que ceux d'aujourd'hui[1]. En cas qu'ils l'aient été, Homère, Platon, Démosthène, ne peuvent être égalés dans ces derniers siècles ; mais si nos arbres sont aussi grands que ceux d'autrefois, nous pouvons égaler Homère, Platon et Démosthène.

Eclaircissons ce paradoxe. Si les anciens avaient plus d'esprit que nous, c'est donc que les cerveaux de ce temps-là étaient mieux disposés, formés de fibres plus fermes ou plus délicates, remplis de plus d'esprits animaux ; mais en vertu de quoi les cerveaux de ce temps-là auraient-ils été mieux disposés ? Les arbres auraient donc été aussi plus grands et plus beaux ; car si la nature était alors plus jeune et plus vigoureuse, les arbres, aussi bien que les cerveaux des hommes, auraient dû se sentir de cette vigueur et de cette jeunesse.

Que les admirateurs des anciens y prennent un peu garde, quand ils nous disent que ces gens-là sont les sources du bon goût et de la raison, et les lumières destinées à éclairer tous les autres hommes ; que l'on n'a d'esprit qu'autant qu'on les admire ; que la nature s'est épuisée à produire ces grands originaux ; en vérité ils nous les font d'une autre espèce que nous, et la physique n'est pas d'accord avec toutes ces belles phrases. La nature a entre les mains une certaine pâte qui est toujours la même, qu'elle tourne et retourne sans cesse en mille façons, et dont elle forme les hommes, les animaux, les plantes ; et certainement elle n'a point formé Platon, Démosthène ni Homère d'une argile plus fine ni mieux préparée que nos philosophes, nos orateurs et nos poètes d'aujourd'hui. Je ne regarde ici dans nos esprits, qui ne sont pas d'une nature matérielle, que la liaison qu'ils ont avec le cerveau, qui est matériel, et qui par ses différentes dispositions produit toutes les différences qui sont entre eux[2].

Mais si les arbres de tous les siècles sont également grands, les arbres de tous les pays ne le sont pas. Voilà des différences aussi pour les esprits. Les différentes idées sont comme des plantes ou des fleurs qui ne viennent pas également bien en toutes sortes de climats. Peut-être notre terroir de France n'est-il pas propre pour les raisonnements que font les Egyptiens, non plus que pour leurs palmiers ; et sans aller si loin, peut-être les orangers, qui ne viennent pas aussi facilement ici qu'en Italie, marquent qu'on a en Italie un certain tour d'esprit que l'on n'a pas tout à fait semblable en France. Il est toujours sûr que par l'enchaînement et la dépendance réciproque qui est entre toutes les parties du monde matériel, les différences de climat qui se font sentir dans les plantes doivent s'étendre jusqu'aux cerveaux, et y faire quelque effet.

Cet effet cependant y est moins grand et moins sensible, parce que l'art et la culture peuvent beaucoup plus sur les cerveaux que sur la terre, qui est d'une matière plus dure et plus intraitable. Ainsi les pensées d'un pays se transportent plus aisément dans un autre que ses plantes, et nous n'aurions pas tant de peine à prendre dans nos ouvrages le génie italien, qu'à élever des orangers.

Il me semble qu'on assure ordinairement qu'il y a plus de diversité entre les esprits qu'entre les visages. Je n'en suis pas bien sûr. Les visages, à force de se regarder les uns les autres, ne prennent point de ressemblances nouvelles, mais les esprits en prennent par le commerce qu'ils ont ensemble. Ainsi les esprits, qui naturellement différaient autant que les visages, viennent à ne différer plus tant.

La facilité qu'ont les esprits à se former les uns sur les autres, fait que les peuples ne conservent pas l'esprit original qu'ils tireraient de leur climat. La lecture des livres grecs produit en nous le même effet à proportion que si nous n'épousions que des Grecques. Il est certain que par des alliances si fréquentes le sang de Grèce et celui de France s'altéreraient, et que l'air de visage particulier aux deux nations changerait un peu.

De plus, comme on ne peut pas juger quels climats sont les plus favorables pour l'esprit, qu'ils ont apparemment des avantages et des désavantages qui se compensent, et que ceux qui donneraient par eux-mêmes plus de vivacité, donneraient aussi moins de justesse, et ainsi du reste, il s'ensuit que la différence des climats ne doit être comptée pour rien, pourvu que les esprits soient d'ailleurs également cultivés. Tout au plus on pourrait croire que la zone torride et les deux glaciales ne sont pas fort propres pour les sciences[3]. Jusqu'à présent elles n'ont point passé l'Egypte et la Mauritanie d'un côté, et de l'autre la Suède ; peut-être n'a-ce pas été par hasard qu'elles se sont tenues entre le mont Atlas et la mer Baltique : on ne sait si ce ne sont point là des bornes que la nature leur a posées, et si l'on peut espérer de voir jamais de grands auteurs lapons ou nègres.

Quoi qu'il en soit, voilà, ce me semble, la grande question des anciens et des modernes vidée. Les siècles ne mettent aucune différence naturelle entre les hommes. Le climat de la Grèce ou de l'Italie, et celui de la France, sont trop voisins pour mettre quelque différence sensible entre les Grecs ou les Latins et nous. Quand ils y en mettraient quelqu'une, elle serait fort aisée à effacer, et enfin elle ne serait pas plus à leur avantage qu'au nôtre. Nous voilà donc tous parfaitement égaux, anciens et modernes, Grecs, Latins et Français.

Je ne réponds pas que ce raisonnement paraisse convaincant à tout le monde. Si j'eusse employé de grands tours d'éloquence, opposé des traits d'histoire honorables pour les modernes à d'autres traits d'histoire honorables pour les anciens, et des passages favorables aux uns à des passages favorables aux autres, si j'eusse traité de savants entêtés ceux qui nous traitent d'ignorants et d'esprits superficiels, et que selon les lois établies entre les gens de lettres, j'eusse rendu exactement injure pour injure aux partisans de l'antiquité, peut-être aurait-on mieux goûté mes preuves ; mais il m'a paru que prendre l'affaire de cette manière-là, c'était pour ne finir jamais ; et qu'après beaucoup de belles déclamations de part et d'autre, on serait tout étonné qu'on n'aurait rien avancé. J'ai cru que le plus court était de consulter un peu sur tout ceci la physique, qui a le secret d'abréger bien des contestations que la rhétorique rend infinies[4].

Ici, par exemple, après que l'on a reconnu l'égalité naturelle qui est entre les anciens et nous, il ne reste plus aucune difficulté. On voit clairement que toutes les différences, quelles qu'elles soient, doivent être causées par des circonstances étrangères, telles que sont le temps, le gouvernement, l'état des affaires générales.

Les anciens ont tout inventé, c'est sur ce point que leurs partisans triomphent ; donc ils avaient beaucoup plus d'esprit que nous : point du tout, mais ils étaient avant nous. J'aimerais autant qu'on les vantât sur ce qu'ils ont bu les premiers l'eau de nos rivières, et que l'on nous insultât sur ce que nous ne buvons plus que leurs restes. Si l'on nous avait mis en leur place, nous aurions inventé ;

s'ils étaient en la nôtre, ils ajouteraient à ce qu'ils trouveraient inventé ; il n'y a pas là grand mystère.

Je ne parle pas ici des inventions que le hasard fait naître, et dont il peut faire honneur, s'il veut, au plus malhabile homme du monde ; je ne parle que de celles qui ont demandé quelque méditation et quelque effort d'esprit. Il est certain que les plus grossières de cette espèce n'ont plus été réservées qu'à des génies extraordinaires, et que tout ce qu'aurait pu faire Archimède dans l'enfance du monde, aurait été d'inventer la charrue. Archimède placé dans un autre siècle brûle les vaisseaux des Romains avec des miroirs, si cependant ce n'est point là une fable[5].

Qui voudrait débiter des choses spécieuses et brillantes, soutiendrait à la gloire des modernes que l'esprit n'a pas besoin d'un grand effort pour les premières découvertes, et que la nature semble nous y porter elle-même ; mais qu'il faut plus d'effort pour y ajouter quelque chose, et un plus grand effort, plus on y a déjà ajouté, parce que la matière est plus épuisée, et que ce qui reste à découvrir est moins exposé aux yeux. Peut-être que les admirateurs des anciens ne négligeraient pas un raisonnement aussi bon que celui-là s'il favorisait leur parti ; mais j'avoue de bonne foi qu'il n'est pas assez solide.

Il est vrai que pour ajouter aux premières découvertes, il faut souvent plus d'effort d'esprit qu'il n'en a fallu pour les faire ; mais aussi on se trouve beaucoup plus de facilité pour cet effort. On a déjà l'esprit éclairé par ces mêmes découvertes que l'on a devant les yeux ; nous avons des vues empruntées d'autrui qui s'ajoutent à celles que nous avons de notre fonds, et si nous surpassons le premier inventeur, c'est lui qui nous a aidés lui-même à le surpasser : ainsi il a toujours sa part à la gloire de notre ouvrage ; et s'il retirait ce qui lui appartient, il ne nous resterait rien de plus qu'à lui.

Je pousse si loin l'équité dont je suis sur cet article, que je tiens même compte aux anciens d'une infinité de vues fausses qu'ils ont eues, de mauvais raisonnements qu'ils ont faits, de sottises qu'ils ont dites. Telle est notre condition, qu'il ne nous est point permis d'arriver tout d'un coup à rien de raisonnable sur quelque matière que ce soit ; il faut avant cela que nous nous égarions longtemps, et que nous passions par diverses sortes d'erreurs et par divers degrés d'impertinences. Il eût toujours dû être bien facile, à ce qu'il semble, de s'aviser que tout le jeu de la nature consiste dans les figures et dans les mouvements des corps ; cependant, avant que d'en venir là, il a fallu essayer des idées de Platon, des nombres de Pythagore, des qualités d'Aristote[6] ; et tout cela ayant été reconnu pour faux, on a été réduit à prendre le vrai système. Je dis qu'on y a été réduit, car en vérité il n'en restait plus d'autre, et il semble qu'on s'est défendu de le prendre aussi longtemps qu'on a pu. Nous avons l'obligation aux anciens de nous avoir épuisé la plus grande partie d'idées fausses qu'on se pouvait faire ; il fallait absolument payer à l'erreur et à l'ignorance le tribut qu'ils ont payé, et nous ne devons pas manquer de reconnaissance envers ceux qui nous en ont acquittés. Il en va de même sur diverses matières, où il y a je ne sais combien de sottises, que nous dirions, si elles n'avaient pas été dites, et si on ne nous les avait pas, pour ainsi dire, enlevées ; cependant il y a encore quelquefois des modernes qui s'en ressaisissent, peut-être parce qu'elles n'ont pas encore été dites autant qu'il faut. Ainsi étant éclairés par les vues des anciens, et par leurs fautes mêmes, il n'est pas surprenant que nous les surpassions. Pour ne faire que les égaler, il faudrait que nous fussions d'une nature fort inférieure à la leur, il faudrait presque que ne fussions pas hommes aussi bien qu'eux.

Cependant, afin que les modernes puissent toujours enchérir sur les anciens, il faut que les choses soient d'une espèce à le permettre. L'éloquence et la poésie ne demandent qu'un certain nombre de vues assez borné par rapport à d'autres arts, et elles dépendent principalement de la vivacité de l'imagination. Or, les hommes peuvent avoir amassé en peu de siècles un petit nombre de vues ; et la vivacité de l'imagination n'a pas besoin d'une longue suite d'expériences, ni d'une grande quantité de règles, pour avoir toute la perfection dont elle est capable. Mais la physique, la médecine, les mathématiques, sont composées d'un nombre infini de vues, et dépendent de la justesse du raisonnement, qui se perfectionne avec une extrême lenteur, et se perfectionne toujours ; il faut même souvent qu'elles soient aidées par des expériences que le hasard seul fait naître, et qu'il n'amène pas à point nommé. Il est évident que tout cela n'a point de fin, et que les derniers physiciens ou mathématiciens devront naturellement être les plus habiles.

Et en effet, ce qu'il y a de principal dans la philosophie[7], et ce qui de là se répand sur tout, je veux dire la manière de raisonner, s'est extrêmement perfectionné dans ce siècle. Je doute fort que la plupart des gens entrent dans la remarque que je vais faire ; je la ferai cependant pour ceux qui se connaissent en raisonnements ; et je puis me vanter que c'est avoir du courage, que de s'exposer pour l'intérêt de la vérité à la critique de tous les autres, dont le nombre n'est assurément pas méprisable. Sur quelque matière que ce soit, les anciens sont assez sujets à ne pas raisonner dans la dernière perfection. Souvent de faibles convenances, de petites similitudes, des jeux d'esprit peu solides, des discours vagues et confus, passent chez eux pour des preuves ; aussi rien ne leur coûte à prouver. Mais ce qu'un ancien démontrait en se jouant, donnerait à l'heure qu'il est bien de la peine à un pauvre moderne ; car de quelle rigueur n'est-on pas sur les raisonnements ? On veut qu'ils soient intelligibles, on veut qu'ils soient justes, on veut qu'ils concluent. On aura la malignité de démêler la moindre équivoque, ou d'idées, ou de mots ; on aura la dureté de condamner la chose du monde la plus ingénieuse, si elle ne va pas au fait. Avant M. Descartes on raisonnait plus commodément ; les siècles passés sont bien heureux de n'avoir pas eu cet homme-là. C'est lui, à ce qu'il me semble, qui a amené cette nouvelle méthode de raisonner, beaucoup plus estimable que sa philosophie même, dont une bonne partie se trouve fausse ou fort incertaine, selon les propres règles qu'il nous a apprises[8]. Enfin il règne non seulement dans nos bons ouvrages de physique et de métaphysique, mais dans ceux de religion, de morale, de critique, une précision et une justesse qui jusqu'à présent n'avaient été guère connues.

Je suis même fort persuadé qu'elles iront encore plus loin. Il ne laisse pas de se glisser encore dans nos meilleurs livres quelques raisonnements à l'antique ; mais nous serons quelque jour anciens ; et ne sera-t-il pas bien juste que notre postérité à son tour nous redresse et nous surpasse, principalement sur la manière de raisonner, qui est une science à part, et la plus difficile, et la moins cultivée de toutes ?

Pour ce qui est de l'éloquence et de la poésie, qui sont le sujet de la principale contestation entre les anciens et les modernes, quoiqu'elles ne soient pas en elles-mêmes fort importantes, je crois que les anciens en ont pu atteindre la perfection, parce que, comme j'ai dit, on la peut atteindre en peu de siècles, et je ne sais pas précisément combien il en faut pour cela. Je dis que les Grecs et les Latins peuvent avoir été excellents poètes et excellents orateurs, mais l'ont-ils été ? Pour bien éclaircir ce point, il faudrait entrer dans une discussion infinie, et qui, quelque juste et quelque exacte qu'elle pût être, ne contenterait jamais les partisans de l'antiquité. Le moyen de raisonner avec eux ? Ils sont résolus à pardonner tout à leurs anciens. Que dis-je, à leur pardonner ? à les admirer sur tout. C'est là particulièrement le génie des commentateurs, peuple le plus superstitieux de tous ceux qui sont dans le culte de l'antiquité. Quelles beautés ne se tiendraient heureuses d'inspirer à leurs amants une passion aussi vive et aussi tendre que celle qu'un Grec ou un Latin inspire à son respectueux interprète ?

Cependant je dirai quelque chose de plus précis sur l'éloquence et sur la poésie des anciens, non que je ne sache assez le péril qu'il y a à se déclarer ; mais il me semble que mon peu d'autorité, et le peu d'attention qu'on aura pour mes opinions, me mettent en liberté de dire tout ce que je veux. Je trouve que l'éloquence a été plus loin chez les anciens que la poésie, et que Démosthène et Cicéron sont plus parfaits en leur genre qu'Homère et Virgile dans le leur. J'en vois une raison assez naturelle. L'éloquence menait à tout dans les républiques des Grecs, et dans celle des Romains ; et il était aussi avantageux d'être né avec le talent de bien parler, qu'il le serait aujourd'hui d'être né avec un million de rente[9]. La poésie au contraire n'était bonne à rien, et ç'a été toujours la même chose dans toutes sortes de gouvernements : ce vice-là lui est bien essentiel. Il me paraît encore que sur la poésie et l'éloquence les Grecs le cèdent aux Latins. J'en excepte une espèce de poésie, sur laquelle les Latins n'ont rien à opposer aux Grecs ; on voit bien que c'est la tragédie dont je parle[10]. Selon mon goût particulier, Cicéron l'emporte sur Démosthène, Virgile sur Théocrite et sur Homère, Horace sur Pindare, Tite-Live et Tacite sur tous les historiens grecs[11].

Dans le système que nous avons établi d'abord, cet ordre est fort naturel. Les Latins étaient des modernes à l'égard des Grecs ; mais comme l'éloquence et la poésie sont assez bornées, il faut qu'il y ait un temps où elles soient portées à leur dernière perfection, et je tiens que pour l'éloquence et pour l'histoire, ce temps-là a été le siècle d'Auguste. Je n'imagine rien au-dessus de Cicéron et de Tite-Live ; ce n'est pas qu'ils n'aient leurs défauts, mais je ne crois pas qu'on puisse avoir moins de défauts avec autant de grandes qualités ; et l'on sait assez que c'est la seule manière dont on puisse dire que les hommes soient parfaits sur quelque chose.

La plus belle versification du monde est celle de Virgile ; peut-être cependant n'eût-il pas été mauvais qu'il eût eu le loisir de la retoucher. Il y a de grands morceaux dans l'*Enéide*, d'une beauté achevée, et que je ne crois pas qu'on surpasse jamais. Pour ce qui est de l'ordonnance du poème en général, de la manière d'amener les événements, et d'y ménager des surprises agréables, de la noblesse des caractères, de la variété des incidents, je ne serai jamais fort étonné qu'on aille au-delà de Virgile ; et nos romans, qui sont des poèmes en prose, nous en ont déjà fait voir la possibilité[12].

Mon dessein n'est pas d'entrer dans un plus grand détail de critiques ; je veux seulement faire voir que puisque les anciens ont pu parvenir sur de certaines choses à la dernière perfection, et n'y pas parvenir, on doit, en examinant s'ils y sont parvenus, ne conserver aucun respect pour leurs grands noms, n'avoir aucune indulgence pour leurs fautes, les traiter enfin comme des modernes. Il faut être capable de dire ou d'entendre dire sans adoucissement, qu'il y a une impertinence dans Homère ou dans Pindare ; il faut avoir la hardiesse de croire que des yeux mortels peuvent apercevoir des défauts dans ces grands génies ; il faut pouvoir digérer que l'on compare Démosthène et Cicéron à un homme qui aura un nom français, et peut-être bas : grand et prodigieux effort de raison !

Sur cela, je ne puis m'empêcher de rire de la bizarrerie des hommes. Préjugé pour préjugé, il serait plus raisonnable d'en prendre à l'avantage des modernes, qu'à l'avantage des anciens. Les modernes naturellement ont dû enchérir sur les anciens ; cette prévention favorable pour eux aurait un fondement. Quels sont, au contraire les fondements de celle où l'on est pour les anciens ? Leurs noms qui sonnent mieux dans nos oreilles, parce qu'ils sont Grecs ou Latins, la réputation qu'ils ont eue d'être les premiers hommes de leur siècle, ce qui n'était vrai que pour leur siècle ; le nombre de leurs admirateurs qui est fort grand, parce qu'il a eu le loisir de grossir pendant une longue suite d'années. Tout cela considéré, il vaudrait encore mieux que nous fussions prévenus pour les modernes ; mais les hommes, non contents d'abandonner la raison pour les préjugés, vont quelquefois choisir ceux qui sont les plus déraisonnables[13].

Quand nous aurons trouvé que les anciens ont atteint sur quelque chose le point de la perfection, contentons-nous de dire qu'ils ne peuvent être surpassés ; mais ne disons pas qu'ils ne peuvent être égalés ; manière de parler très familière à leurs admirateurs. Pourquoi ne les égalerions-nous pas ? En qualité d'hommes nous avons toujours droit d'y prétendre. N'est-il pas plaisant qu'il soit besoin de nous relever le courage sur ce point-là, et que nous qui avons souvent une vanité si mal entendue, nous ayons aussi quelquefois une humilité qui ne l'est pas moins ? Il est donc bien déterminé qu'aucune sorte de ridicule ne nous manquera.

Sans doute la nature se souvient bien encore comment elle forma la tête de Cicéron et de Tite-Live. Elle produit dans tous les siècles des hommes propres à être de grands hommes ; mais les siècles ne leur permettent pas toujours d'exercer leurs talents. Des inondations de barbares, des gouvernements ou absolument contraires, ou peu favorables aux sciences et aux arts, des préjugés et des fantaisies qui peuvent prendre une infinité de formes différentes, tel qu'est à la Chine le respect des cadavres, qui empêche qu'on ne fasse aucune anatomie, des guerres universelles, établissent souvent, et pour long-temps, l'ignorance et le mauvais goût[14]. Joignez à cela toutes les diverses dispositions des fortunes particulières, et vous verrez combien la nature sème en vain de Cicérons et de Virgiles dans le monde, et combien il doit être rare qu'il y en ait quelques-uns, pour ainsi dire, qui viennent à bien. On dit que le ciel en faisant naître de grands rois, fait naître aussi de grands poètes pour les chanter, d'excellents historiens pour écrire leurs vies. Ce qu'il y a de vrai, c'est qu'en tous temps les historiens et les poètes sont tout prêts, et que les princes n'ont qu'à vouloir les mettre en œuvre.

Les siècles barbares qui ont suivi celui d'Auguste, et précédé celui-ci, fournissent aux partisans de l'antiquité celui de tous leurs raisonnements qui a le plus d'appa-rence d'être bon. D'où vient, disent-ils, que dans ces siècles-là l'ignorance était si épaisse et si profonde ? C'est que l'on n'y connaissait plus les Grecs et les Latins, on ne les lisait plus ; mais du moment que l'on se remit devant les yeux ces excellents modèles, on vit renaître la raison et le bon goût. Cela est vrai, et ne prouve pourtant rien. Si un homme qui aurait de bons commencements des sciences, des belles-lettres, venait à avoir une maladie qui les lui fît oublier, serait-ce à dire qu'il en fût devenu inca-pable ? Non, il pourrait les reprendre quand il voudrait, en recommençant dès les premiers éléments. Si quelque remède lui rendait la mémoire tout à coup, ce serait bien de la peine épargnée, il se trouverait sachant tout ce qu'il avait su, et pour continuer, il n'aurait qu'à reprendre où il aurait fini. La lecture des anciens a dissipé l'ignorance et la barbarie des siècles précédents. Je le crois bien. Elle nous rendit tout d'un coup des idées du vrai et du beau, que nous aurions été longtemps à rattraper, mais que nous eussions rattrapées à la fin sans le secours des Grecs et des Latins, si nous les avions bien cherchées. Et où les eussions-nous prises ? Où les avaient prises les anciens. Les anciens mêmes, avant que de les prendre, tâtonnèrent bien longtemps[15].

La comparaison que nous venons de faire des hommes de tous les siècles à un seul homme peut s'étendre sur toute notre question des anciens et des modernes. Un bon esprit cultivé est, pour ainsi dire, composé de tous les esprits des siècles précédents ; ce n'est qu'un même esprit qui s'est cultivé pendant tout ce temps-là. Ainsi cet homme qui a vécu depuis le commencement du monde jusqu'à présent, a eu son enfance, où il ne s'est occupé que des besoins les plus pressants de la vie ; sa jeunesse, où il a assez bien réussi aux choses d'imagination, telles que la poésie et l'éloquence, et où même il a commencé à raisonner, mais avec moins de solidité que de feu. Il est maintenant dans l'âge de virilité, où il raisonne avec plus de force, et a plus de lumières que jamais ; mais il serait bien plus avancé, si la passion de la guerre ne l'avait occupé longtemps, et ne lui avait donné du mépris pour les sciences auxquelles il est enfin revenu.

Il est fâcheux de ne pouvoir pas pousser jusqu'au bout une comparaison qui est en si beau train ; mais je suis obligé d'avouer que cet homme-là n'aura point de vieillesse ; il sera toujours également capable des choses auxquelles sa jeunesse était propre, et il le sera toujours de plus en plus de celles qui conviennent à l'âge de virilité, c'est-à-dire, pour quitter l'allégorie, que les hommes ne dégénéreront jamais, et que les vues saines de tous les bons esprits qui se succéderont, s'ajouteront toujours les unes aux autres[16].

Cet amas qui croît incessamment, de vues qu'il faut suivre, de règles qu'il faut pratiquer, augmente toujours aussi la difficulté de toutes les espèces de sciences ou d'arts ; mais d'un autre côté de nouvelles facilités naissent pour récompenser ces difficultés ; je m'expliquerai mieux par des exemples. Du temps d'Homère c'était une grande merveille qu'un homme pût assujettir son discours à des mesures, à des syllabes longues et brèves, et faire en même temps quelque chose de raisonnable. On donnait donc aux poètes des licences infinies, et on se tenait encore trop heureux d'avoir des vers. Homère pouvait parler dans un seul vers cinq langues différentes, prendre le dialecte dorique quand l'ionique ne l'accommodait pas ; au défaut de tous les deux, prendre l'attique, l'éolique ou le commun, c'est-à-dire, parler en même temps picard, gascon, normand, breton et français commun. Il pouvait allonger un mot s'il était trop court, l'accourcir s'il était trop long, personne n'y trouvait à redire. Cette étrange confusion de langues, cet assemblage bizarre de mots tout défigurés, était la langue des dieux, du moins il est bien sûr que ce n'était pas celle des hommes. On vint peu à peu à reconnaître le ridicule de ces licences qu'on accordait aux poètes. Elles leur furent donc retranchées les unes après les autres ; et à l'heure qu'il est les poètes, dépouillés de leurs anciens privilèges, sont réduits à parler d'une manière naturelle. Il semblerait que le métier serait fort empiré, et la difficulté de faire des vers bien plus grande. Non, car nous avons l'esprit enrichi d'une infinité d'idées poétiques qui nous sont fournies par les anciens que nous avons devant les yeux ; nous sommes guidés par un grand nombre de règles et de réflexions qui ont été faites sur cet art ; et comme tous ces secours manquaient à Homère, il en a été récompensé avec justice par toutes les licences qu'on lui laissait prendre. Je crois pourtant, à dire le vrai, que sa condition était un peu meilleure que la nôtre ; ces sortes de compensations ne sont pas si exactes[17].

Les mathématiques et la physique sont des sciences dont le joug s'appesantit toujours sur les savants ; à la fin il y faudrait renoncer, mais les méthodes se multiplient en même temps ; le même esprit qui perfectionne les choses en y ajoutant de nouvelles vues, perfectionne aussi la manière de les apprendre en l'abrégeant, et fournit de nouveaux moyens d'embrasser la nouvelle étendue qu'il donne aux sciences. Un savant de ce siècle-ci contient dix fois un savant du siècle d'Auguste ; mais il en a eu dix fois plus de commodités pour devenir savant.

Je peindrais volontiers la nature avec une balance à la main, comme la justice, pour marquer qu'elle s'en sert à peser et à égaler à peu près tout ce qu'elle distribue aux hommes, le bonheur, les talents, les avantages et les désavantages des différentes conditions, les facilités et les difficultés qui regardent les choses de l'esprit.

En vertu de ces compensations, nous pouvons espérer qu'on nous admirera avec excès dans les siècles à venir, pour nous payer du peu de cas que l'on fait aujourd'hui de nous dans le nôtre. On s'étudiera à trouver dans nos ouvrages des beautés que nous n'avons point prétendu y mettre. Telle faute insoutenable, et dont l'auteur conviendrait lui-même aujourd'hui, trouvera des défenseurs d'un courage invincible ; et Dieu sait avec quel mépris on traitera en comparaison de nous les beaux esprits de ces temps-là, qui pourront bien être des Américains. C'est ainsi que le même préjugé nous abaisse dans un temps, pour nous élever dans un autre ; c'est ainsi qu'on en est la victime, et puis la divinité ; jeu assez plaisant à considérer avec des yeux indifférents.

Je puis même pousser la prédiction encore plus loin. Un temps a été que les Latins étaient modernes, et alors ils se plaignaient de l'entêtement que l'on avait pour les Grecs qui étaient les anciens. La différence de temps qui est entre les uns et les autres disparaît à notre égard, à cause du grand éloignement où nous sommes ; ils sont tous anciens pour nous, et nous ne faisons pas de difficulté de préférer ordinairement les Latins aux Grecs, parce qu'entre anciens et anciens, il n'y a pas de mal que les uns l'emportent sur les autres ; mais entre anciens et modernes, ce serait un grand désordre que les modernes l'emportassent. Il ne faut qu'avoir patience, et par une longue suite de siècles nous deviendrons les contemporains des Grecs et des Latins ; alors il est aisé de prévoir qu'on ne fera aucun scrupule de nous préférer hautement à eux sur beaucoup de choses. Les meilleurs ouvrages de Sophocle, d'Euripide, d'Aristophane, ne tiendront guère devant *Cinna, Horace, Ariane, Le Misanthrope*, et un grand nombre d'autres tragédies et comédies du bon temps ; car il en faut convenir de bonne foi, il y a quelques années que ce bon temps est passé. Je ne crois pas que *Théagène et Chariclée, Clitophon et Leucippe*, soient jamais comparés à *Cyrus*, à *L'Astrée*, à *Zaïde*, à *La Princesse de Clèves*[18]. Il y a même des espèces nouvelles, comme les lettres galantes, les contes, les opéras[19], dont chacune nous a fourni un auteur excellent, auquel l'antiquité n'a rien à opposer, et qu'apparemment la postérité ne surpassera pas. N'y eût-il que les chansons, espèce qui pourra bien périr, et à laquelle on ne fait pas grande attention, nous en avons une prodigieuse quantité, toutes pleines de feu et d'esprit ; et je maintiens que si Anacréon les avaient sues, il les aurait plus chantées que la plupart des siennes. Nous voyons par un grand nombre d'ouvrages de poésie, que la versification peut avoir aujourd'hui autant de noblesse, mais en même temps plus de justesse et d'exactitude qu'elle n'en eut jamais. Je me suis proposé d'éviter les détails, et je n'étalerai pas davantage nos richesses ; mais je suis persuadé que nous sommes comme les grands seigneurs, qui ne prennent pas toujours la peine de tenir des registres exacts de leurs biens, et qui en ignorent une partie.

Si les grands hommes de ce siècle avaient des sentiments charitables pour la postérité, ils l'avertiraient de ne les admirer point trop, et d'aspirer toujours du moins à les égaler. Rien n'arrête tant le progrès des choses, rien ne borne tant les esprits, que l'admiration excessive des anciens. Parce qu'on s'était dévoué à l'autorité d'Aristote, et qu'on ne cherchait la vérité que dans ses écrits énigmatiques, et jamais dans la nature, non seulement la philosophie n'avançait en aucune façon, mais elle était tombée dans un abîme de galimatias et d'idées inintelligibles, d'où l'on a eu toutes les peines du monde à la retirer. Aristote n'a jamais fait un vrai philosophe, mais il en a beaucoup étouffé qui le fussent devenus, s'il eût été permis. Et le mal est qu'une fantaisie de cette espèce une fois établie parmi les hommes, en voilà pour longtemps : on sera des siècles entiers à en revenir, même après qu'on en aura reconnu le ridicule. Si l'on allait s'entêter un jour de Descartes, et le mettre à la place d'Aristote, ce serait à peu près le même inconvénient[20].

Cependant il faut tout dire, il n'est pas bien sûr que la postérité nous compte pour un mérite les deux ou trois mille ans qu'il y aura un jour entre elle et nous, comme nous les comptons aujourd'hui aux Grecs et aux Latins. Il y a toutes les apparences du monde que la raison se perfectionnera, et que l'on se désabusera généralement du préjugé grossier de l'antiquité. Peut-être ne durera-t-il pas encore longtemps ; peut-être à l'heure qu'il est, admirons-nous les anciens en pure perte, et sans devoir jamais être admirés en cette qualité-là. Ce serait un peu fâcheux.

Si après tout ce que je viens de dire, on ne me pardonne pas d'avoir osé attaquer des anciens dans le *Discours sur l'églogue*[21], il faut que ce soit un crime qui ne puisse être pardonné. Je n'en dirai donc pas davantage. J'ajouterai seulement que si j'ai choqué les siècles passés par la critique des églogues des anciens, je crains fort de ne plaire guère au siècle présent par les miennes. Outre beaucoup de défauts qu'elles ont, elles représentent toujours un amour tendre, délicat, appliqué, fidèle jusqu'à en être superstitieux ; et selon tout ce que j'entends dire, le siècle est bien mal choisi pour y peindre un amour si parfait.

PARALLÈLE DE CORNEILLE ET DE RACINE

I. Corneille n'a eu devant les yeux aucun auteur qui ait pu le guider. Racine a eu Corneille.

II. Corneille a trouvé le théâtre français très grossier, et l'a porté à un haut point de perfection. Racine ne l'a pas soutenu dans la perfection où il l'a trouvé[1].

III. Les caractères de Corneille sont vrais, quoiqu'ils ne soient pas communs. Les caractères de Racine ne sont vrais, que parce qu'ils sont communs.

IV. Quelquefois les caractères de Corneille ont quelque chose de faux, à force d'être nobles et singuliers. Souvent ceux de Racine ont quelque chose de bas, à force d'être naturels.

V. Quand on a le cœur noble, on voudrait ressembler aux héros de Corneille ; et quand on a le cœur petit, on est bien aisé que les héros de Racine nous ressemblent[2].

VI. On remporte des pièces de l'un le désir d'être vertueux, et des pièces de l'autre le plaisir d'avoir des semblables dans ses faiblesses.

VII. Le tendre et le gracieux de Racine se trouvent quelquefois dans Corneille ; le grand[3] de Corneille ne se trouve jamais dans Racine[4].

VIII. Racine n'a presque jamais peint que des Français, et que le siècle présent, même quand il a voulu peindre un autre siècle, et d'autres nations. On voit dans Corneille toutes les nations, et tous les siècles qu'il a voulu peindre[4].

IX. Le nombre des pièces de Corneille est beaucoup plus grand que celui des pièces de Racine, et cependant

Corneille s'est beaucoup moins répété lui-même que Racine n'a fait.

X. Dans les endroits où la versification de Corneille est belle, elle est plus hardie, plus noble, plus forte, et en même temps aussi nette que celle de Racine, mais elle ne se soutient pas dans ce degré de beauté ; et celle de Racine se soutient toujours dans le sien.

XI. Des auteurs inférieurs à Racine ont réussi après lui dans son genre ; aucun auteur, même Racine, n'a osé toucher après Corneille au genre qui lui était particulier.

SUR LA POÉSIE, EN GÉNÉRAL

AVERTISSEMENT

En lisant ce petit traité, on trouvera peut-être mauvais que j'aille jusqu'à de certaines idées plus métaphysiques, plus abstraites qu'on ne l'eût cru nécessaire. Cela pourrait bien être, absolument parlant ; mais j'ai eu en vue de répondre à de certains reproches faits de bonne part à feu M. de la Motte, d'être plus philosophe que poète, d'avoir plus de pensées que d'images, etc. J'espère que l'on approuvera du moins mon zèle pour un homme en qui j'ai vu un génie propre à tout, et les mœurs les plus estimables et les plus aimables, assemblage rare et précieux[1].

Toute poésie ajoute aux règles générales de la langue d'un peuple de certaines règles particulières qui la rendent plus difficile à parler. Cela suppose déjà qu'une langue soit assez formée par elle-même, qu'elle ait des règles, et assez de règles assez établies chez tout un peuple pour porter cette nouvelle addition.

Mais pourquoi l'addition ? Pourquoi s'imposer des contraintes inutiles ? Car les hommes s'entendaient très bien, et il est certain qu'ils ne s'entendront pas mieux.

On a inventé la poésie pour le plaisir, direz-vous ; elle en fait un bien avéré et bien incontestable. Je conviens qu'il l'est, mais on ne le connaît pas avant qu'elle soit inventée, et on ne recherche pas un plaisir absolument inconnu. Toute invention humaine a sa première origine, ou dans un besoin actuellement senti, ou dans quelque hasard heureux qui a découvert une utilité imprévue.

Je n'imagine guère pour origine de la poésie, que les lois ou le chant, deux choses cependant d'une nature extrêmement différente. On ne savait point encore écrire, et on voulut que certaines lois en petit nombre, et fort essentielles à la société, fussent gravées dans la mémoire des hommes, et d'une manière uniforme et invariable : pour cela, on s'avisa de ne les exprimer que par des mots assujettis à de certains retours réglés, à de certains nombres de syllabes, etc. ; ce qui effectivement donnait plus de prise à la mémoire, et empêchait en même temps que différentes personnes ne rendissent le même texte différemment. J'ai vu dans des catéchismes d'enfants le *Décalogue* mis en vers, qui commence par

> Un seul Dieu tu adoreras,
> Et aimeras parfaitement,

et tout le reste allant de suite sur ces deux mêmes rimes. L'intention de l'auteur de ces deux vers-là est bien évidente, et peut-être ne lui manque-t-il, pour ressembler parfaitement aux premiers inventeurs de la poésie, qu'une poésie encore plus grossière.

Une réflexion peut encore confirmer ce petit système. La prose est constamment le langage naturel, et la poésie n'en est qu'un artificiel. Quand on a eu découvert l'art d'écrire, on devait donc écrire plutôt en prose qu'en vers ; c'est précisément le contraire, du moins chez les Grecs, ce qui suffit ici. Ils ont écrit en vers longtemps avant que d'écrire en prose, et il semblerait que la prose n'eût été qu'un raffinement imaginé après les vers, et dont ils eussent été le fondement[2]. D'où a pu venir ce renversement d'ordre si surprenant et si bizarre ? C'est qu'avant l'art de l'écriture, on avait mis les lois en vers pour les faire mieux retenir ; que quand on a su écrire, on n'écrivit encore que ce qui devait être retenu, quelques préceptes, quelques proverbes ; et qu'enfin, quand on vint à des ouvrages, ou trop étendus, ou moins nécessaires, dont on ne pouvait pas espérer que la mémoire des hommes se chargeât, et qui auraient même coûté trop de travail aux auteurs, il fallut se résoudre à la simple prose.

D'un autre côté, il n'est pas moins vraisemblable que le chant ait donné naissance à la poésie. On aura chanté à l'imitation des oiseaux, de ceux surtout qui nous plaisent tant par des espèces de chansons qui ont un peu de durée, et une légère apparence de suite. On se sera aperçu, en les contrefaisant, que les différents tons que l'on prenait pouvaient avoir plus de suite entre eux que les oiseaux ne leur en donnaient, que même ils en avaient quelqu'une, etc. ; car après cela je laisse le reste à imaginer : il ne s'agit ici que de saisir de premiers commencements si minces et si déliés, qu'ils ne donnent presque pas de prise. Dès que le chant a été tant soit peu réglé, il a été très naturel d'y mettre des paroles, qui, par conséquent, ont dû s'y assujettir et en être les esclaves ; et voilà les vers.

Avec le temps on vint à reconnaître que les vers, quoique dépouillés du chant, plaisaient plus, du moins aux oreilles fines, que les simples discours communs ; et en effet, ils devaient conserver toujours de leur première formation quelque égalité de mesures, quelques cadences, je ne sais quoi, qui par sa seule singularité aurait été un agrément. On suivit cette faible ouverture, et l'on s'avisa d'imposer à des discours qui ne seraient pas faits sur un chant, autant et même plus de contrainte que le chant n'en avait exigé ; enfin, une contrainte qui leur fût particulière. Le succès en fut heureux ; il n'empêcha pas que des vers faits indépendamment du chant, ne pussent être revêtus d'un chant ; au contraire, et peut-être par respect pour leur première origine, ils étaient tous destinés à recevoir un chant, quel qu'il fût ; mais il se fit une espèce de révolution : le chant dont ils avaient d'abord été les esclaves, devint à son tour le leur dans la plupart des occasions.

Les deux origines que nous donnons ici à la poésie, ne s'excluent nullement l'une l'autre ; elles ont fort bien pu se trouver ensemble. Seulement il paraît que celle qui n'est mise ici que la seconde, a dû précéder la première ; quelques particuliers ont pu chanter avant que l'on songeât en corps à s'imposer des lois, et même le chant a pu servir à l'établissement des lois. Amphion et Orphée sont peut-être devenus législateurs, parce qu'ils étaient chantres. Les deux origines de la poésie supposent des langues suffisamment formées, et par conséquent des peuples sortis de la première barbarie, et parvenus à un certain degré d'esprit.

Les deux origines n'ont point un effet nécessaire ; il est fort possible qu'il y ait des lois et du chant sans poésie ; ce serait une peine inutile que de s'étendre sur tous ces points-là.

Nous ne connaissons point de poètes chez les anciens Egyptiens ni Chaldéens : qu'il y en ait eu chez les Hébreux, c'est une question. Tenons-nous-en aux Grecs, chez qui Homère a été, non pas le premier poète, mais fort ancien ; et en effet, si cela était en question, ses beautés et ses défauts prouveraient suffisamment l'un et l'autre.

Quand la poésie fut née, la nouveauté de ce langage, jointe au petit nombre de ceux qui surent le parler, causa une grande admiration au reste des hommes ; admiration bien supérieure à celle que nous avons aujourd'hui pour les plus excellents dans le même art.

Ces premiers poètes n'eurent qu'à se porter pour inspirés par les dieux, pour envoyés des dieux, pour enfants des dieux, on les en crut, si ce n'est peut-être que quelques esprits nés philosophes, quoique dans un siècle barbare, se contentèrent de se taire par respect.

La gêne, qui fait l'essence et le mérite brillant de la poésie, ne fut pas grande dans les premiers temps. On allongeait les mots, on les accourcissait, on les coupait par la moitié, on choisissait entre les différents dialectes d'une même langue ceux qu'on voulait, tantôt les uns, tantôt les autres, tout cela selon le besoin du vers[3]. Les poètes s'aperçurent peut-être que l'excessive indulgence qu'on avait pour eux nuirait à leur gloire, et qu'ils en seraient moins les enfants des dieux, tout au moins que leur art serait trop facile, et ils se portèrent d'eux-mêmes à se renfermer, par degrés, dans des prisons toujours plus étroites. Il est vrai aussi que la simple raison était trop choquée des licences effrénées d'Homère, et qu'il n'était guère possible qu'on ne vînt avec le temps à s'en dégoûter. La nécessité indispensable du discours ordinaire aurait souvent produit des métaphores[4]. Mais la nécessité volontaire de la poésie en produisit encore davantage, et de plus hardies, de plus vives, et peut-être servit-elle quelquefois de prétexte à en hasarder de téméraires qui réussirent ; on en peut dire autant de toutes les grandes figures du discours. D'ailleurs, cette bizarre multitude de dieux enfantés par les imaginations grossières de peuples très ignorants, fut bien vite adoptée par les imaginations des poètes qui en tiraient de grands avantages. Leur langage, déjà merveilleux par sa singularité, le devenait encore beaucoup plus par celle de tout ce qu'ils étaient en droit d'attribuer aux dieux. L'abus fut général, et tel que la simple nature disparut presque entière, et qu'il ne resta plus que du divin. Il faut avouer cependant que tout ce divin poétique et fabuleux est si bien proportionné aux hommes, que nous qui le connaissons parfaitement pour ce qu'il est, nous le recevons encore aujourd'hui avec plaisir, et nous lui laissons exercer sur nous presque tout son ancien empire, nous retombons aisément en enfance.

Par tout ce qui a été dit, on entrevoit déjà quelles sont les causes du charme de la poésie. Indépendamment du fond des sujets qu'elle traite, elle plaît à l'oreille par son discours mesuré, et par une espèce de musique, quoique assez imparfaite : et qui sait si ce n'est pas elle qui a averti les orateurs attentifs à la perfection de leur art, de mettre aussi une certaine harmonie dans leurs discours ? Tant l'oreille, l'oreille seule, mérite qu'on ait d'égards pour elle !

Au plaisir que lui font les vers par la régularité des mouvements dont elle est frappée, il se joint un autre plaisir causé par le premier, et qui par conséquent n'a pas si immédiatement sa source dans un organe corporel : l'esprit est agréablement surpris que le poète, gêné comme il l'était dans la manière de s'exprimer, ait pu s'exprimer bien. Il est visible que cette surprise est d'autant plus agréable que la gêne de l'expression a été plus grande, et l'expression plus parfaite ; ce n'est pas que l'esprit fasse à chaque instant cette réflexion en forme ; c'est une réflexion secrète en quelque sorte, parce qu'elle se répand également et uniformément sur l'impression totale que produit un ouvrage de poésie, et par là se fait moins sentir ; seulement en quelques endroits plus marqués elle sort, et se détache du total bien développée.

Sur ce principe, la plupart de nos poètes modernes auraient grand tort de se relâcher sur la rime, comme ils font malgré l'exemple contraire de tous leurs prédécesseurs. Si la difficulté vaincue fait un mérite à la poésie, certainement la difficulté retranchée ou fort diminuée ne lui en fera pas un ; et si la contrainte lui est nécessaire pour la distinguer de la prose, et lui donner droit de s'élever au-dessus d'elle, n'est-ce pas la dégrader que de la rapprocher de ce qu'elle méprisait ? Mais cet article ne mérite pas d'être traité plus solidement ni plus à fond ; c'est au public à voir s'il veut donner ses louanges à un prix plus bas qu'il ne faisait. Les poètes ont raison de tâcher à obtenir de lui cette grâce ; mais il aura encore plus de raison de la refuser.

Le plaisir que la difficulté vaincue fait à l'esprit, n'est pas comparable à celui qu'il reçoit des grandes images qui lui sont présentées par la poésie. Nous avons déjà parlé de tout ce merveilleux, de tout ce divin, dont elle a fait son partage, son domaine particulier ; notre éducation nous a tellement familiarisés avec les dieux d'Homère, de Virgile, d'Ovide, qu'à cet égard nous sommes presque nés païens. Il y a plusieurs exemples de poètes fameux qui, au milieu du christianisme et dans des sujets chrétiens, ont employé sérieusement les dieux du paganisme, soit qu'ils ne se soient pas aperçus de la fougue trop violente de leur imagination, soit qu'ils aient cru pouvoir racheter l'absurdité par l'agrément[5]. Quand un sujet a pu par ses circonstances particulières permettre le mélange du paganisme et du christianisme, on s'est trouvé fort heureux[6].

Aux images fabuleuses sont opposées les images purement réelles d'une tempête, d'une bataille, etc., sans l'intervention d'aucune divinité. Il s'agit maintenant de savoir lesquelles conviennent le mieux à la poésie, ou si elles lui conviennent également les unes et les autres. J'entends tous les poètes, et même je crois tous les gens de lettres, s'écrier d'une commune voix qu'il n'y a pas là de question. *Les images fabuleuses l'emportent infiniment sur les réelles.* J'avoue cependant que j'en doute. Examinons, supposé néanmoins qu'il nous soit permis d'examiner.

Je lis une tempête décrite en très beaux vers ; il n'y manque rien de tout ce qu'ont pu voir, de tout ce qu'ont pu ressentir ceux qui l'ont essuyée, mais il y manque Neptune en courroux avec son trident. En bonne foi, m'aviserai-je de le regretter, ou aurai-je tort de ne pas m'en aviser ? Qu'eût-il fait là de plus que ce que j'ai vu ? Je le défie de lever les eaux plus haut qu'elles ne l'ont été, de répandre plus d'horreur dans ce malheureux vaisseau, et ainsi de tout le reste ; la réalité seule a tout épuisé[7].

Qu'on se souvienne de la magnifique description des horreurs du triumvirat dans *Cinna*, et surtout de ces deux vers :

> Le fils tout dégouttant du meurtre de son père,
> Et sa tête à la main demandant son salaire[8].

Voilà une image toute réelle. Y désireriez-vous une Erynnis, une Tisiphone, qui menât ce détestable fils aux triumvirs ? Non, sans doute. L'image est même d'autant plus forte, qu'on voit ce fils possédé de la seule avidité du salaire ; une furie, personnage étranger et puissant, le justifierait en quelque sorte.

Horace, dans son *Art Poétique*, défend qu'on représente sur le théâtre les métamorphoses de Progné en oiseau, et de Cadmus en serpent ; et cela, dit-il, parce qu'il hait ces choses-là qu'il ne croit point : *Incredulus odi*. Il parle au nom du peuple, du commun des hommes, puisqu'il s'agit de spectacles. Si le peuple de son temps, sans comparaison plus nourri que nous de fables poétiques, plus intimement abreuvé de mythologie, résistait pourtant à la représentation des métamorphoses, à cause de son incrédulité, notre siècle en a-t-il moins aujourd'hui pour la mythologie entière ?

Un grand défaut des images fabuleuses, qui viendra, si l'on veut, de leur excellence, c'est d'être extrêmement usées. Le fond, si l'on y prend garde, en est assez borné ; et il est difficile que les plus grands poètes en fassent un autre usage plus ingénieux que les médiocres ; aussi je crois remarquer que ce sont ceux-ci qui en ornent le plus leurs ouvrages ; ils croient quasi que c'est leur imagination échauffée d'un feu divin qui enfante Jupiter lançant la foudre, et Neptune bouleversant les éléments. Quoi qu'il en soit, la mythologie est un trésor si commun, que les richesses que nous y prendrons désormais ne pourront pas nous faire beaucoup d'honneur. A ce sujet je ne puis m'empêcher de faire ici une réflexion très légère, et qui n'en vaut peut-être pas la peine. Dans des ouvrages qui se prétendent dictés par l'enthousiasme, il est très ordinaire d'y trouver : *Que vois-je ? où suis-je ? qu'entends-je ?* qui annoncent toujours de grandes choses. Non seulement cela est trop usé et déchu de sa noblesse par le fréquent usage, mais il me paraît singulier que l'enthousiasme se fasse une espèce de formulaire réglé comme un acte judiciaire[10].

Quand on saura employer d'une manière nouvelle les images fabuleuses, il est sûr qu'elles feront un grand effet. Par exemple, le P. le Moine, dans son poème de *Saint-Louis*, aujourd'hui très peu connu, dit, en parlant des Vêpres Siciliennes :

> Quand du Gibel ardent les noires Euménides
> Sonneront de leur cor ces vêpres homicides.[11]

Voilà un tableau poétique aussi neuf, et produit par un enthousiasme aussi vif qu'il soit possible. Je sais bien que les Euménides et les vêpres ne sont pas du même siècle : mais supposez que dans la Sicile ancienne on célébrait des jeux publics annoncés par des trompettes, où l'on fit un carnage affreux de tous les spectateurs, et lisez ainsi ces deux vers :

> Quand du Gibel ardent les noires Euménides
> Annonçaient de leur cor ces fêtes homicides.

L'image sera, ce me semble, de la plus grande beauté.

Il était bien aisé, même à de grands poètes, de ne la pas trouver.

Tout ce qui vient d'être dit ne va qu'à porter quelque atteinte aux images fabuleuses, quand elles sont ou inutiles ou trop triviales : hors de là, il est indubitable qu'elles doivent très bien réussir. Mais si on a la curiosité, peut-être un peu superflue, de les comparer aux images réelles, lesquelles sont à préférer par elles-mêmes ? On dit à l'avantage des fabuleuses qu'elles animent tout, qu'elles mettent de la vie dans tout cet univers animé : j'en conviens ; mais les grandes figures d'un discours noble et élevé n'y en mettent-elles pas aussi, sans avoir besoin de ces divinités qui tombent de vieillesse. Notre sublime consistera-t-il toujours à rentrer dans les idées des plus anciens Grecs encore sauvages[12] ? Il est vrai cependant que comme nous avons une facilité presque honteuse d'y rentrer, et que cette facilité même les rend agréables, les poètes ne doivent pas s'en priver ; seulement il me semble que s'ils les emploient trop fréquemment, ils ne sont guère en droit d'aspirer à la gloire d'esprits originaux. Ce qui a pu passer autrefois pour une inspiration surnaturelle, n'est plus aujourd'hui qu'une répétition dont tout le monde est capable. D'ailleurs, on ne ferait pas mal d'avoir un peu d'égard pour l'incrédulité d'Horace.

Il y a des images demi-fabuleuses, pour ainsi dire, dont cette incrédulité ne serait point blessée : telles sont la Gloire, la Renommée, la Mort. Je me souviens d'avoir vu ces vers sur ce que le feu roi n'avait pas voulu être harangué par les compagnies de justice et par l'Académie française, dans une occasion qui cependant en était bien digne :

> Aux Muses, à Thémis la bouche fut fermée :
> Mais dans les vastes airs la libre Renommée
> S'échappa, publiant un éloge interdit.
> Avide et curieux, l'univers l'entendit ;
> Les Muses et Thémis furent en vain muettes,
> Elle les en vengea par toutes ses trompettes[13].

Voilà du moins à ce qu'il me paraît, les images demi-fabuleuses et suffisamment fabuleuses, toutes fort anciennes, mises en œuvre d'une manière et assez nouvelle et assez heureuse.

Cette âme, qu'on veut que les divinités répandent partout, y sera également répandue, si l'on sait personnifier par une figure reçue de tout le monde les êtres inanimés, et même ceux qui n'existent que dans l'esprit, mais qui ont un fondement bien réel. Les ruines de Carthage peuvent parler à Marius exilé et le consoler de ses malheurs. La patrie peut faire ses reproches à César qui va la détruire. Cet art de personnifier ouvre un champ bien moins borné et plus fertile que l'ancienne mythologie.

Si je veux présenter un bouquet avec des vers, je puis

dire ou que Flore s'est dépouillée de ses trésors pour une autre divinité, ou que les fleurs se sont disputé l'honneur d'être cueillies ; et si j'ai à choisir entre ces deux images, je croirai volontiers que la seconde a plus d'âme, parce qu'il semble que la passion de celui qui a cueilli les fleurs ait passé jusqu'à elles.

Nous n'avons prétendu parler jusqu'ici que de la poésie sérieuse. Quant à la badine et à l'enjouée, il n'y a rien à lui retrancher ; elle saura faire usage de tout, et un usage neuf : la gaieté a mille droits sur quoi il ne faut pas la chicaner.

Tout ce qui a été dit des deux espèces d'images fabuleuses et réelles, n'a eu pour objet que de diminuer la supériorité excessive, selon nous, que d'habiles gens donnent aux fabuleuses, et de relever un peu le mérite des autres, que l'on sent peut-être moins. Si nous avons gagné quelque chose sur ces deux articles, il va se présenter à nous des images d'une nouvelle espèce à examiner. Les fabuleuses ne parlent qu'à l'imagination prévenue d'un faux système ; les réelles ne parlent qu'aux yeux : mais il y en a encore d'autres qui ne parlent qu'à l'esprit, et qu'on peut nommer par cette raison *spirituelles*. Un très agréable poète de nos jours les nomme simplement *pensées*, ce qui revient au même[14]. Si l'on veut faire une opposition plus juste entre les images réelles et les spirituelles ou pensées, il vaut mieux changer désormais le nom de réelles en celui de *matérielles*.

Quand M. de la Motte a appelé les flatteurs :

> Idolâtres tyrans des rois[15].

ou qu'il a dit :

> Et le crime serait paisible
> Sans le remords incorruptible
> Qui s'élève encor contre lui,[16]

ces expressions, *idolâtres tyrans, remords incorruptible,* sont des images spirituelles. Je vois les flatteurs qui n'adorent les rois que pour s'en rendre maîtres ; et un homme qui, applaudi sur ses crimes par des gens corrompus, porte au-dedans de lui-même un sentiment qui les lui reproche, et qu'il ne peut étouffer. La première image est portée sur deux mots ; la seconde sur un seul. On pourrait rapporter du même auteur un très grand nombre d'images pareilles ; c'est même sur ce grand nombre qu'on a quelquefois le front de le blâmer.

Les images matérielles n'offrent aux yeux que ce qu'ils ont vu ; et si elles le leur rendent plus agréable, ce n'est pas à eux proprement, c'est à l'esprit qui vient alors prendre part au spectacle. Les images spirituelles peuvent n'offrir à l'esprit que ce qu'il aura déjà pensé, et elles le lui rendront aussi plus agréable, ce qui leur sera commun avec les matérielles, mais elles peuvent aussi lui offrir ce qu'il n'aura pas encore pensé. Comparons-les toutes deux sur ces différents points.

Le champ de la pensée est sans comparaison plus vaste que celui de la vue. On a tout vu depuis longtemps ; il s'en faut bien que l'on ait encore tout pensé : cela vient de ce qu'une combinaison nouvelle de pensées connues est une pensée nouvelle, et qui frappe plus comme nouvelle, que ne fera une pareille combinaison, si elle est possible, d'objets familiers aux yeux. Je dis si elle est possible ; car il ne me le paraît guère de mettre dans la description d'une tempête, d'un printemps, etc., quelque objet qui ne s'y soit déjà montré bien des fois.

Les images matérielles ne nous apprennent rien d'utile à savoir ; les spirituelles peuvent nous instruire utilement, tout au moins elles nous exerceront l'esprit, tandis que les autres n'amusent guère que les yeux.

Il y a moins de génies capables de réussir dans les images spirituelles que dans les matérielles. Différents ordres d'esprits qui partent des façons de penser les plus grossières et les plus attachées au corps, vont toujours s'élevant les uns au-dessus des autres, et les plus élevés sont toujours les moins nombreux. Plus de gens diront *la diligente abeille*, que *le remords incorruptible*.

Tout cela paraît conclure en faveur des pensées comparées aux images, telles que nous les entendons ici ; et l'on pourrait assez légitimement croire qu'un ouvrage de poésie, qui aurait moins d'images que de pensées, n'en serait que plus digne de louange.

Nous n'avons encore considéré les images spirituelles que comme parlant purement à l'esprit, et c'est là leur moindre avantage ; mais elles peuvent parler aussi au cœur, l'émouvoir, l'intéresser, et elles sont les seules qui aient ce pouvoir, gloire la plus précieuse où la poésie puisse aspirer. Il semble que ses deux branches principales, l'épique et la dramatique, deux espèces de sœurs, aient partagé entre elles les images. L'épique, comme aînée, a pris les images matérielles, qui sont aussi les plus anciennes ; la dramatique a pris les spirituelles, qui parlent au cœur, et qui n'ont paru dans le monde qu'après les autres, mais la cadette se trouve la mieux partagée. Lisons-nous autant Homère, Virgile, le Tasse, que Corneille et Racine ? Les lisons-nous avec le même plaisir ?

J'entends d'ici les réponses qu'on me ferait ; je sais ce que je répondrais à mon tour, mais je n'ai garde de m'engager dans ce labyrinthe ; je coupe au plus court, et voici la question réduite à ses termes les plus simples, et débarrassée de toutes circonstances étrangères. Je suppose un poème épique et une tragédie d'une égale beauté chacun en son espèce, d'une égale étendue, écrits dans la même langue ; je demande lequel de ces deux ouvrages on lira avec le plus de plaisir. Comme on pourrait dire que les femmes, qui font une moitié du monde, seraient

fort suspectes dans ce jugement, parce qu'elles seraient
trop favorables à tout ce qui touche le cœur, je consens
qu'on les exclue, et qu'il n'y ait que des hommes qui
jugent. Je ne les crains plus, dès que j'ai supposé que les
ouvrages seraient dans la même langue ; car si l'un était
en grec, par exemple, et l'autre en français, il y a quantité
d'hommes, et même gens de mérite, à qui je ne me fierais
pas.

Au-dessus des images, ou les plus nobles, ou les plus
vives qui puissent représenter les sentiments et les passions, sont encore d'autres images plus spirituelles, pla-
cées dans une région où l'esprit humain ne s'élance
qu'avec peine ; ce sont les images de l'ordre général de
l'univers, de l'espace, du temps, des esprits, de la divinité : elles sont métaphysiques, et leur nom seul fait
entendre le haut rang qu'elles tiennent ; on pourrait les
appeler intellectuelles, pour les faire mieux figurer avec
celles dont nous avons parlé, et pour les distinguer de
celles qui ne sont que spirituelles. Il s'agit maintenant de
savoir si elles conviennent à la poésie. Il me semble que la
plupart des gens entendent que la poésie se ferait tort,
s'avilirait en traitant ces sortes de sujets ; car tout ce qui
tient à la philosophie porte avec soi je ne sais quelle idée
de pédanterie et de collège, au lieu que la poésie a par
elle-même un certain air de cour et du grand monde.

Les productions de cette poésie purement philosophique seraient telles que peu d'auteurs en seraient
capables, j'en conviens ; peu de lecteurs capables de les
goûter, j'en conviens encore ; et de ces deux défauts, l'un
qui relèverait la gloire des auteurs, les animerait bien
moins que l'autre ne les refroidirait ; mais cela est étranger à la poésie, qui par elle-même a droit de s'élever aux
images intellectuelles, si elle peut. La grande difficulté est
que ces images ont une langue barbare, dont la poésie ne
pourrait se servir sans offenser trop l'oreille, sa maîtresse

souveraine, et maîtresse très délicate ; mais il peut se trouver un accommodement ; la poésie fera un effort pour ne parler des sujets les plus philosophiques qu'en sa langue ordinaire ; les figures bien maniées peuvent aller loin ; les images même fabuleuses rajeuniront par l'usage nouveau qu'on en fera ; un philosophe poète pourra invoquer la muse, et lui dire :

> Sur les ailes de Persée
> Transporte-moi du Lycée
> Au sommet du double mont.
> Sévère philosophie,
> Permets que la poésie
> De ses fleurs orne ton front.[17]

Il est vrai qu'après cela le même auteur qui ose traiter la question du vide, une des plus sèches et des plus épineuses de l'école, est forcé par sa matière à devenir plus abstrait, et que les fleurs sont clairsemées sur le front de la philosophie. Il dit très bien, mais avec peu d'ornement, et peut-être était-il impossible d'y en mettre :

> La nature est mon seul guide,
> Représente-moi ce vide
> A l'infini répandu ;
> Dans ce qui s'offre à ma vue
> J'imagine l'étendue,
> Et ne vois que l'étendu.

Et encore :

> La substance de ce vide,
> Entre les corps supposé,
> Se répand comme un fluide ;
> Ce n'est qu'un plein déguisé.

Si le fond de l'agrément de la poésie est, comme nous l'avons dit, la difficulté vaincue, certainement traiter ces sortes de matières en vers, c'est entreprendre de vaincre les plus grandes difficultés ; rien ne devrait être plus conforme au génie audacieux de la poésie, et son triomphe ne serait jamais plus brillant ; mais elle veut être plus modeste, et s'abstenir de toucher aux épines de la philosophie. Soit, elle doit du moins être assez hardie pour ne pas s'effaroucher des grands et nobles sujets philosophiques, quoique peu familiers à la plupart des hommes. Je serais fâché que Théophile n'eût osé dire que, si Dieu retirait sa main,

> L'impuissance de la nature
> Laisserait tout évanouir.[18]

Et M. de la Motte, sur la difficulté de connaître la nature de l'âme, que

> Vaincue, elle ne peut se rendre,
> Et ne saurait, ni se comprendre,
> Ni se résoudre à s'ignorer.[19]

Mille autres exemples, et même anciens s'il le fallait, prouveraient que la poésie s'est souvent alliée heureusement avec la plus haute philosophie. Combien de choses sublimes n'a-t-elle pas dites sur le Souverain Etre, le plus inaccessible de tous aux efforts de l'esprit humain ? Si l'on a tant loué Socrate d'avoir rappelé du ciel la philosophie, pour l'occuper ici-bas à régler les mœurs des hommes, ne doit-on pas savoir gré à ceux qui font monter jusqu'au ciel la poésie, uniquement occupée auparavant d'objets terrestres ou sensibles ?

On suppose assez généralement qu'un poète ne fait que se jouer ordinairement sur la superficie des choses, la décorer, l'embellir ; et s'il veut pénétrer plus avant dans leur nature, si parmi des images extérieures et superficielles il en mêle de plus profondes et de plus intimes, en un mot, des réflexions d'une certaine espèce, qui n'appartiennent pourtant pas uniquement à l'école philosophique, on donne à cet auteur le nom de poète philosophe. J'aurais cru naturellement que c'eût été là une louange. Mais non, dans l'intention de la plupart des gens, c'est un blâme. Un poète doit être tout embrasé d'un feu céleste, et autant qu'il est philosophe, c'est autant d'eau versée sur ce beau feu. Ceci mérite d'être un peu discuté.

Un général d'armée doit être plein de courage, d'ardeur, d'intrépidité ; d'un autre côté, il doit être extrêmement prudent, avisé, craignant tout : voilà le chaud et le froid mêlés ensemble, tous deux à un haut degré ; sans tout cela, ce n'est plus M. de Turenne[20].

Sans entrer dans aucun détail, il se trouvera toujours que les grands caractères et les plus estimables sont formés de qualités contraires réunies, et réunies au plus haut point où elles puissent subsister ensemble malgré leur contrariété. Cette réunion ainsi conditionnée ne peut être qu'extrêmement rare ; et de là vient qu'on lui doit tant d'estime.

Redescendons à notre sujet. Ne dit-on pas communément le sage Virgile, en prétendant le louer ? On suppose bien d'ailleurs que c'est un très grand poète, et même le plus grand de tous. De sage à philosophe il n'y a pas loin ; on pourrait même prouver que Virgile a été dans ses ouvrages philosophe, proprement dit, autant qu'il l'a pu.

Le poète philosophe n'est donc pas à blâmer ; au contraire, il est très estimable d'avoir réuni en lui deux qualités contraires et rarement jointes : il sera bien plus aisé de trouver des fous de la façon du feu divin.

Mais si on est plus philosophe que poète, qu'en faudra-t-il penser ? Premièrement, je voudrais que cette différence fût prouvée. Qu'on me dise laquelle des grandes qualités opposées de M. de Turenne dominait en lui ; car je reprends cette comparaison, bien entendu que le poète ne s'en enorgueillira pas trop. M. de Turenne était hardi et entreprenant quand il le fallait, prudent et retenu quand il le fallait ; s'il a été plus souvent l'un que l'autre, c'est qu'il le fallait. Pour dire que l'un dominait sur l'autre, il faudrait qu'il eût été l'un quand il fallait être l'autre, et même plusieurs fois. Tout cela s'applique de soi-même au poète philosophe.

En second lieu, si quelque chose a dominé dans M. de Turenne, il me semble que l'on conviendrait assez, quoique sans preuves bien exactes, que ç'a été la partie de la prudence et de la conduite ; et cela serait favorable au poète plus philosophe que poète.

Ne faisons aucune grâce à cet homme-là, et mettons tout au pis sur son compte. Il a plu, il a diverti comme poète, car il faut nécessairement le supposer bon poète ; mais il a beaucoup plus instruit, beaucoup plus approfondi les sujets comme philosophe, et même pour charger encore plus l'accusation, on voit évidemment qu'il a eu plus d'envie d'instruire et de raisonner que de divertir et de plaire. En vérité, aura-t-on le front de lui reprocher de semblables torts ?

Il n'est pas douteux que la philosophie n'ait acquis aujourd'hui quelques nouveaux degrés de perfection. De là se répand une lumière qui ne se renferme pas dans la région philosophique, mais qui gagne toujours comme de proche en proche, et s'étend enfin sur tout l'empire des lettres. L'ordre, la clarté, la justesse, qui n'étaient pas autrefois des qualités trop communes chez les meilleurs auteurs, le sont aujourd'hui beaucoup davantage, et même chez les médiocres. Le changement en bien, jusqu'à un certain point, est assez sensible partout. La poésie se piquera-t-elle du glorieux privilège d'en être exempte ?

Les philosophes anciens étaient plus poètes que philosophes ; ils raisonnaient peu, et enseignaient avec une entière liberté tout ce qu'ils voulaient. Quand les poètes modernes seraient plus philosophes que poètes, on pourrait dire que chacun a son tour ; et à parler sérieusement, si ces changements de scène doivent arriver, ils se trouveront arrangés comme l'ordre naturel des choses le demande.

Après qu'on a accusé un poète d'être plus philosophe que poète, on peut bien l'accuser aussi d'avoir plus d'esprit que de talent ; l'un est assez une suite de l'autre, et les idées, quand on vient à les développer, sont bien liées : on entend par le mot de talent un certain mouvement impérieux et heureux qui vous porte vers certains objets, et les fait saisir juste sans avoir aucun besoin du secours de la réflexion. Je dis *aucun* ; car pour peu qu'on en ait besoin, c'est autant de rabattu sur l'essence et sur le mérite du talent. L'esprit, par opposition au talent, est la raison éclairée qui examine les objets, les compare, fait des choix à son gré, et y met autant de temps qu'elle le juge nécessaire. Le talent est comme indépendant de nous, et ses opérations semblent avoir été produites en nous par quelque être supérieur qui nous a fait l'honneur de nous choisir pour ses instruments ; d'ailleurs elles sont promptes, ce qui a encore très bonne grâce. Pour ce qu'on appelle *esprit*, ce n'est que nous ; nous sentons trop que c'est nous qui agissons. La difficulté et la lenteur des opérations ne nous permettent pas de l'ignorer. Voilà la cause de cette préférence que l'on donne volontiers au talent sur l'esprit ; car la raison humaine, souvent trop orgueilleuse, peut aussi quelquefois être trop humble.

Ce qu'on appelle *instinct* dans les animaux, est le talent purement talent, et porté à son plus haut point. Nous admirons les loges des castors, les ruches des abeilles, et mille autres effets d'une industrie nullement ou du moins très peu éclairée par une intelligence ; une infinité d'hommes n'en feraient pas autant sans y mettre toute l'intelligence qu'ils auraient en partage. Une ruche est d'une structure sans comparaison plus ingénieuse que la cabane d'un Huron. Dans l'enfance du monde, les ruches ont été aussi parfaites qu'elles le sont aujourd'hui. Voilà bien des sujets d'exalter l'instinct ou le talent. Mais les endroits mêmes par où on l'exalterait sont ceux qui découvrent son extrême imperfection. Il fait bien ce qu'il fait, mais il ne le fait jamais que de la même manière ; il est renfermé dans de certaines bornes bien marquées, d'où absolument il ne peut sortir ; il ne se perfectionne jamais. La première ruche valait mieux que la première cabane, mais elle vaut infiniment moins que les maisons qui ont succédé aux cabanes, que les palais, que les temples[21].

Il est impossible qu'il y ait des hommes absolument à talent, comme les abeilles ou les castors, et totalement privés de lumière. Il est très difficile qu'il y ait des gens d'un esprit très lumineux, et qui n'aient aucun talent, aucune disposition naturelle et machinale qui les détermine à porter leurs lumières d'un côté plus que d'un autre. On ne peut que comparer ceux qui auront une forte dose de talent et une faible dose d'esprit, avec ceux dont le caractère sera formé du mélange opposé : lesquels mériteront la préférence ?

Ceux de la première espèce auront dans leurs productions une grande facilité, de la nouveauté, une singularité frappante ; ils seront renfermés dans un genre où ils brilleront dès leurs premiers commencements, et ne feront pas dans la suite de grands progrès ; ils se corrigeront peu de leurs défauts, même des plus grands, seront mauvais juges de leurs propres ouvrages, et peu capables d'instruire.

Ceux de la seconde espèce seront plus lents dans leurs productions, et plus faibles dans les commencements ; mais ils acquerront toujours et plus de facilité, et plus de perfection ; ils sauront vaincre leurs défauts, et se rendre maîtres d'eux-mêmes ; ils verront clair à ce qu'ils feront, et pourront communiquer les industries qui leur auront réussi ; ils sortiront à leur gré de leur genre principal, et feront ailleurs des courses heureuses.

On voit assez que dans les premiers l'esprit nuit au talent ; il les empêche d'être aussi parfaits que les castors et les abeilles, parce qu'étant aussi imparfait qu'on le suppose ici, il ne fait que traverser par des lumières fausses le précieux aveuglement du talent. Dans les seconds, au contraire, le talent faible est infiniment aidé par l'esprit qui l'éclaire, le guide, et en tire ce qu'il n'aurait pas produit abandonné à lui-même : en un mot, l'esprit peut absolument se passer du talent, et le talent ne peut pas également se passer de l'esprit. L'esprit sait quelles sont les sources où la poésie prend ses beautés ; il sait reconnaître les vraies d'avec les fausses ; il ira chercher les vraies, et les trouvera peut-être seulement avec plus de travail et plus lentement ; le talent trouvera sans chercher, si l'on veut ; trouvera encore, si l'on veut, les vraies, mais par hasard, et se contentera assez souvent de fausses.

Tout cela ne s'entend que des cas extrêmes qui n'existent peut-être jamais dans la nature, mais qui ont l'avantage d'être plus aisés à saisir, quand on veut entrer dans des discussions un peu fines. Réellement tous les génies au-dessus du commun sont un assemblage d'esprit et de talent combinés selon une infinité de degrés différents. Les plus parfaits seront certainement ceux où ils se trouveraient égaux dans un haut degré ; mais s'il faut que l'un des deux domine, il me semble qu'on ne devrait pas beaucoup hésiter à se déterminer pour l'esprit. Il est vrai que ce sera lui qui jugera dans sa propre cause ; mais où trouvera-t-on un autre juge ?

Nous avons déjà jeté en avant quelques semences d'une prédiction hasardée. Peut-être viendra-t-il un temps où les poètes se piqueront d'être plus philosophes que poètes, d'avoir plus d'esprit que de talent, et en seront

loués. Tout est en mouvement dans l'univers, et à tout
égard ; et il paraît bien avéré que le genre humain, du
moins en Europe, a fait quelques pas vers la raison ; mais
une si grande et si pesante masse ne se meut qu'avec une
extrême lenteur. Si ce mouvement continuait du même
côté, et supposé qu'il souffrît de grandes interruptions, ce
qui n'est que trop naturel, s'il reprenait toujours de ce
côté-là, ce qu'on peut légitimement espérer, n'en arrive-
rait-il pas des changements dans les affaires de l'esprit, et
ce qui n'est fondé que sur d'agréables fantômes, n'aurait-
il rien à craindre ?

J'avoue que la poésie par son langage mesuré qui flatte
l'oreille, et par l'idée qu'elle offre à l'esprit d'une difficul-
tée vaincue, a des charmes réels. Eh bien, ils subsisteront :
on les lui laissera, mais à condition qu'elle donnera moins
au talent qu'à l'esprit, moins aux ornements qu'au fond
des choses.

Et que serait-ce si l'on venait à découvrir et à s'assurer
que ces ornements pris dans un système absolument faux
et ridicule, exposés depuis longtemps à tous les passants
sur les grands chemins du Parnasse, ne sont pas dignes
d'être employés, et ne valent pas la peine qu'ils coûtent
encore à employer ? Qu'enfin, car il faut être hardi quand
on se mêle de prédire, il y a de la puérilité à gêner son
langage uniquement pour flatter l'oreille, et à le gêner au
point que souvent on en dit moins ce qu'on voulait, et
quelquefois autre chose ?

Certainement ce ne sera que dans les matières
sérieuses, celles du poème épique, par exemple, que l'on
pourra trouver cette puérilité mal placée. Elle aura toujours très bonne grâce dans la poésie galante et enjouée,
et même les plus vieilles fables y paraîtront avec de nouvelles parures que ce badinage saura bien leur donner ;
car il a une infinité de ressources qui n'appartiennent qu'à
lui. Quand les hommes se portent pour graves et sérieux,

la raison leur tient rigueur, et n'entend pas raillerie ; mais quand ils ne se portent que pour enfants, elle joue volontiers elle-même avec eux.

Quelque révolution qui puisse arriver, la musique qui sera immortelle conserverait la poésie, du moins celle qui lui serait nécessaire ; et en ce cas-là, si la poésie est née de la musique, elle devrait sa conservation à ce qui lui a donné naissance ; il faudrait cependant que l'on ne s'avisât pas de ne chanter qu'en prose, ce qui serait possible, puisque nous chantons depuis longtemps de simple prose, et peu recherchée, avec un si grand succès. Pour l'autre origine de la poésie, qui sont les lois, il y a toute apparence qu'elles ne la conserveront pas, et qu'on ne reviendra jamais à les mettre en vers.

RELATION DE L'ÎLE DE BORNÉO

*EXTRAIT D'UNE LETTRE ÉCRITE DE BATAVIA
DANS LES INDES ORIENTALES, LE 27 NOVEMBRE 1684*

Vous savez que dans l'île de Bornéo dont nous sommes voisins, il n'y a que les femmes qui puissent avoir la royauté. Ces peuples-là sont si jaloux d'être gouvernés par des personnes qui soient véritablement du sang royal, et ils ont une telle opinion de la fragilité des femmes, qu'il leur faut toujours une reine dont les enfants lui appartiennent incontestablement ; et pour plus grande sûreté, les principaux du pays doivent être présents aux accouchements des reines[1]. Il y a quelques années que la reine nommée Mliséo mourut, et sa fille Mréo[2] lui succéda, reconnue d'abord dans toute l'île sans difficulté. Les commencements de son règne furent assez goûtés par ses sujets ; mais ensuite les nouveautés qu'elle introduisit peu à peu dans le gouvernement, firent murmurer. Mréo voulait que tous ses ministres fussent eunuques, condition très dure, et qu'on n'avait point jusqu'alors imposée ; et cependant elle ne les faisait mutiler que d'une certaine façon qui n'empêchait pas les maris de se plaindre encore d'eux[3]. C'est la coutume que les reines donnent à certains jours des festins publics à leurs sujets. Mréo en avait retranché la moitié de ce que donnaient les autres reines ; bien plus, le pain était sous son règne d'un prix excessif dans toute l'île, et l'on ne savait ce qu'il était devenu, si ce n'est qu'on accusait certains magiciens qu'elle avait à ses gages de le faire périr avec des paroles[4]. On se plaignait beaucoup encore de quelques prisons nouvellement bâties où elle faisait jeter les criminels, et d'où elle les tirait pour de l'argent, ce qui avait considérablement augmenté ses revenus[5]. Mais rien ne choquait plus les habitants de Bornéo que la salle des cadavres, qui était dans le palais de la reine, quoiqu'à dire le vrai ce ne fût pas là un mal bien réel pour des sujets[6]. Elle faisait embaumer les corps de ses favoris lorsqu'ils mouraient, on les arrangeait dans cette salle en grande cérémonie, et il fallait qu'on leur rendît ses respects avant que d'entrer dans l'appartement de Mréo. Il y avait des esprits naturellement fiers et indépendants qui ne s'y pouvaient résoudre. Les peuples de l'île étaient donc dans ces mauvaises dispositions à l'égard du gouvernement, lorsque voici une nouvelle reine qui se présente, qui prétend être fille de Mliséo, et déposséder Mréo. Elle commence par abolir toutes les nouveautés dont on se plaignait : point d'eunuques chez elle, point de magiciens qui fassent enchérir le pain, point de salle pour les cadavres, point de prisons que selon l'ancien ordre, point de festins imparfaits. J'avais oublié de vous dire que les peuples de Bornéo sont dans l'opinion que les enfants légitimes doivent ressembler à leurs parents. Eénegu, c'était le nom de la nouvelle princesse[7], ressemblait parfaitement à la feue reine Mliséo, au lieu que Mréo n'en avait presque pas un trait : aussi avait-on remarqué que Mréo n'aimait pas trop à se laisser voir en public ; on dit même qu'elle supprimait autant qu'il lui était possible, les portraits de Mliséo. Eénegu tout au contraire les conservait de tout son pouvoir, et faisait extrêmement valoir sa ressemblance. Mréo avait aussi de son côté un grand avantage, c'est qu'il était constant qu'elle était née de Mliséo, du moins par le rapport des seigneurs qui avaient dû en être témoins, et ces seigneurs n'avaient point vu naître Eénegu. Il est vrai qu'Eénegu prétendait qu'ils avaient été corrompus, ce qui n'était guère vraisemblable. Elle contait aussi une histoire de sa naissance par laquelle elle se trouvait fille légitime de Mliséo, mais c'était une histoire presque incroyable, et pareille à peu près à celle du comte de Saint-Géran dont on a tant parlé dans notre Europe[8]. Cependant la contestation de ces deux reines a partagé toute l'île, et y a allumé la guerre de toutes parts. Les uns tiennent pour la ressemblance contre la certitude de la naissance, les autres pour la certitude de la naissance contre la ressemblance. Il s'est donné beaucoup de batailles très sanglantes, et aucun des deux partis n'a encore tout à fait ruiné l'autre. On croit pourtant que Mréo l'emportera. Il n'y a pas longtemps qu'elle a surpris dans des endroits fort difficiles une partie de l'armée d'Eénegu, et en a exigé le serment de fidélité. Si son parti n'en est pas extrêmement fortifié, parce que ces soldats ne combattent pas trop volontiers sous ses enseignes, du moins celui d'Eénegu en est fort affaibli. J'aurai soin de vous apprendre l'année prochaine le succès de cette guerre, puisque vous aimez assez l'histoire pour ne pas négliger celle de ces pays barbares, dont les mœurs et les coutumes sont si étranges.

DU BONHEUR

Voici une matière la plus intéressante de toutes, dont tout le monde parle, que les philosophes, surtout les anciens[1], ont traitée avec beaucoup d'étendue ; mais quoique très intéressante, elle est dans le fond assez négligée ; quoique tout le monde en parle, peu de gens y pensent ; et quoique les philosophes l'aient beaucoup traitée, ç'a été si philosophiquement, que les hommes n'en peuvent guère tirer de profit.

On entend ici par le mot de bonheur un état, une situation telle qu'on en désirât la durée sans changement ; et en cela le bonheur est différent du plaisir qui n'est qu'un sentiment agréable, mais court et passager, et qui ne peut jamais être un état[2]. La douleur aurait bien plutôt le privilège d'en pouvoir être un.

A mesurer le bonheur des hommes seulement par le nombre et la vivacité des plaisirs qu'ils ont dans le cours de leur vie, peut-être y a-t-il un assez grand nombre de conditions assez égales, quoique fort différentes. Celui qui a moins de plaisirs les sent plus vivement ; il en sent une infinité que les autres ne sentent plus ou n'ont jamais sentis ; et à cet égard la nature fait assez son devoir de mère commune. Mais si au lieu de considérer ces instants répandus dans la vie de chaque homme, on considère le fond des vies mêmes, on voit qu'il est fort inégal, qu'un homme qui a, si l'on veut, pendant sa journée autant de bons moments qu'un autre, est tout le reste du temps beaucoup plus mal à son aise, et que la compensation cesse entièrement d'avoir lieu.

C'est donc l'état qui fait le bonheur, mais ceci est très fâcheux pour le genre humain. Une infinité d'hommes sont dans des états qu'ils ont raison de ne pas aimer ; un nombre presque aussi grand sont incapables de se contenter d'aucun état : les voilà donc presque tous exclus du bonheur, et il ne leur reste pour ressource que des plaisirs, c'est-à-dire des moments semés çà et là sur un fond triste qui en sera un peu égayé. Les hommes, dans ces moments, reprennent les forces nécessaires à leur malheureuse situation, et se remontent pour souffrir.

Celui qui voudrait fixer son état, non par la crainte d'être pis, mais parce qu'il serait content, mériterait le nom d'heureux ; on le reconnaîtrait entre tous les autres hommes à une espèce d'immobilité dans sa situation ; il n'agirait que pour s'y conserver, et non pas pour en sortir. Mais cet homme-là a-t-il paru en quelque endroit de la terre ? On en pourrait douter, parce qu'on ne s'aperçoit guère de ceux qui sont dans cette immobilité fortunée ; au lieu que les malheureux qui s'agitent composent le tourbillon du monde, et se font bien sentir les uns aux autres par les chocs violents qu'ils se donnent. Le repos même de l'heureux, s'il est aperçu, peut passer pour être forcé, et tous les autres sont intéressés à n'en pas prendre une idée plus avantageuse. Ainsi l'existence de l'homme heureux pourrait être assez facilement contestée. Admettons-la cependant, ne fût-ce que pour donner des espérances agréables ; mais il est vrai que, retenues dans de certaines bornes, elles ne seront pas chimériques.

Quoi qu'en disent les fiers stoïciens[3], une grande partie de notre bonheur ne dépend pas de nous. Si l'un d'eux, pressé par la goutte, lui a dit : *Je n'avouerai pourtant pas que tu sois un mal*, il a dit la plus extravagante parole qui soit jamais sortie de la bouche d'un philosophe[4]. Un empereur de l'univers, enfermé aux Petites-Maisons, déclare naïvement un sentiment dont il a le malheur d'être plein ; celui-ci, par engagement de système, nie un sentiment très vif, et en même temps l'avoue par l'effort qu'il fait pour le nier. N'ajoutons pas à tous les maux que la nature et la fortune peuvent nous envoyer, la ridicule et inutile vanité de nous croire invulnérables.

Il serait moins déraisonnable de se persuader que notre bonheur ne dépend point du tout de nous, et presque tous les hommes ou le croient, ou agissent comme s'ils le croyaient. Incapables de discernement et de choix, poussés par une impétuosité aveugle, attirés par des objets qu'ils ne voient qu'au travers de mille nuages, entraînés les uns par les autres sans savoir où ils vont, ils composent une multitude confuse et tumultueuse, qui semble n'avoir d'autre dessein que de s'agiter sans cesse. Si dans tout ce désordre des rencontres favorables peuvent en rendre quelques-uns heureux pour quelques moments, à la bonne heure ; mais il est bien sûr qu'ils ne sauront ni prévenir ni modérer le choc de tout ce qui peut les rendre malheureux. Ils sont absolument à la merci du hasard.

Nous pouvons quelque chose à notre bonheur, mais ce n'est que par nos façons de penser, et il faut convenir que cette condition est assez dure. La plupart ne pensent que comme il plaît à tout ce qui les environne ; ils n'ont pas un certain gouvernail qui leur puisse servir à tourner leurs pensées d'un autre côté qu'elles n'ont été poussées par le courant. Les autres ont des pensées si fortement pliées vers le mauvais côté, et si inflexibles, qu'il serait inutile de les vouloir tourner d'un autre. Enfin, quelques-uns à qui ce travail pourrait réussir, et serait même assez facile, le rejettent parce que c'est un travail et en dédaignent le fruit qu'ils croient trop médiocre. Que serait-ce que ce misérable bonheur factice pour lequel il faudrait tant raisonner ? Vaut-il la peine qu'on s'en tourmente ? On peut le laisser aux philosophes avec leurs autres chimères. Tant d'étude pour être heureux empêcherait de l'être.

Ainsi il n'y a qu'une partie de notre bonheur qui puisse dépendre de nous ; et de cette petite partie peu de gens en ont la disposition ou en tirent le profit. Il faut que les caractères ou faibles et paresseux, ou impétueux et violents, ou sombres et chagrins, y renoncent tous. Il en reste quelques-uns, doux et modérés, et qui admettent plus volontiers les idées ou les impressions agréables ; ceux-là peuvent travailler utilement à se rendre heureux. Il est vrai que par la faveur de la nature ils le sont déjà assez, et que le secours de la philosophie ne paraît pas leur être fort nécessaire ; mais il n'est presque jamais que pour ceux qui en ont le moins de besoin, et ils ne laissent pas d'en sentir l'importance. Surtout quand il s'agit du bonheur, ce n'est pas à nous de rien négliger. Ecoutons donc la philosophie qui prêche dans le désert une petite troupe d'auditeurs qu'elle a choisis, parce qu'ils savaient déjà une bonne partie de ce qu'elle peut leur apprendre[5].

Afin que le sentiment du bonheur puisse entrer dans l'âme, ou du moins afin qu'il y puisse séjourner, il faut avoir nettoyé la place, et chassé tous les maux imaginaires. Nous sommes d'une habileté infinie à en créer, et quand nous les avons une fois produits, il nous est très difficile de nous en défaire. Souvent même il semble que nous aimions notre malheureux ouvrage, et que nous nous y complaisions. Les maux imaginaires ne sont pas tous ceux qui n'ont rien de corporel, et ne sont que dans l'esprit, mais seulement ceux qui tirent leur origine de quelque façon de penser fausse, ou du moins problématique. Ce n'est pas un mal imaginaire que le déshonneur, mais c'en est un que la douleur de laisser de grands biens après sa mort à des héritiers en ligne collatérale et non pas en ligne directe, ou à des filles et non pas à des fils. Il y a tel homme dont la vie est empoisonnée par un semblable chagrin. Le bonheur n'habite point dans des têtes de cette trempe ; il lui en faut ou qui soient naturellement plus saines, ou qui aient eu le courage de se guérir. Si l'on est susceptible des maux imaginaires, il y en a tant, qu'on sera nécessairement la proie de quelqu'un. La principale force de ces sortes de monstres consiste en ce qu'on s'y soumet, sans oser ni les attaquer, ni même les envisager ; si on les considérait quelque temps d'un œil fixe, ils seraient à demi vaincus.

Assez souvent aux maux réels nous ajoutons des circonstances imaginaires qui les aggravent. Qu'un malheur ait quelque chose de singulier, non seulement ce qu'il a de réel nous afflige, mais sa singularité nous irrite et nous aigrit. Nous nous représentons une fortune, un destin, je ne sais quoi, qui met de l'art et de l'esprit à nous faire un malheur d'une nature particulière. Mais qu'est-ce que tout cela ? Employons un peu notre raison, et ces fantômes disparaissent. Un malheur commun n'en est pas réellement moindre, un malheur singulier n'en est pas moins possible, ni moins inévitable. Un homme qui a la peste, lui cent-millième, est-il moins à plaindre que celui qui a une maladie bizarre et inconnue ?

Il est vrai que les malheurs communs sont prévus, et cela seul nous adoucit l'idée de la mort, le plus grand de tous les maux. Mais qui nous empêche de prévoir en général ce que nous appelons les maux singuliers ? On ne peut pas prédire les comètes comme les éclipses, mais on est bien sûr que de temps en temps il doit paraître des comètes, et il n'en faut pas davantage pour n'en être pas effrayé. Les malheurs singuliers sont rares ; cependant il faut s'attendre à en essuyer quelqu'un : il n'y a presque personne qui n'ait eu le sien ; et si on voulait, on leur contesterait avec assez de raison leur qualité de singulier.

Une circonstance imaginaire qu'il nous plaît d'ajouter à nos afflictions, c'est de croire que nous serons inconsolables. Ce n'est pas que cette persuasion-là même ne soit quelquefois une espèce de douceur et de consolation ; elle en est une dans les douleurs dont on peut tirer gloire, comme dans celle que l'on ressent de la perte d'un ami. Alors se croire inconsolable, c'est se rendre témoignage que l'on est tendre, fidèle, constant ; c'est se donner de grandes louanges. Mais dans les maux où la vanité ne soutient point l'affliction, et où une douleur éternelle ne serait d'aucun mérite, gardons-nous bien de croire qu'elle doive être éternelle. Nous ne sommes pas assez parfaits pour être toujours affligés ; notre nature est trop variable, et cette imperfection est une de ses plus grandes ressources.

Ainsi, avant que les maux arrivent, il faut les prévoir, du moins en général ; quand ils sont arrivés, il faut prévoir que l'on s'en consolera. L'un rompt la première violence du coup, l'autre abrège la durée du sentiment : on s'est attendu à ce que l'on souffre, et du moins on s'épargne par là une impatience, une révolte secrète qui ne sert qu'à aigrir la douleur ; on s'attend à ne souffrir pas longtemps ; dès lors on anticipe en quelque sorte sur ce temps qui sera plus heureux, on l'avance.

Les circonstances même réelles de nos maux, nous prenons plaisir à nous les faire valoir à nous-mêmes, à nous les étaler, comme si nous demandions raison à quelque juge d'un tort qui nous eût été fait. Nous augmentons le mal en y appuyant trop notre vue, et en recherchant avec tant de soin tout ce qui peut le grossir.

On a pour les violentes douleurs je ne sais quelle complaisance qui s'oppose aux remèdes, et repousse la consolation. Le consolateur le plus tendre paraît un indifférent qui déplaît. Nous voudrions que tout ce qui nous approche prît le sentiment qui nous possède ; et n'en être pas plein comme nous, c'est nous faire une espèce d'offense : surtout ceux qui ont l'audace de combattre les motifs de notre affliction, sont nos ennemis déclarés. Ne devrions-nous pas au contraire être ravis que l'on nous fît soupçonner de fausseté et d'erreur des façons de penser qui nous causent tant de tourments ?

Enfin, quoiqu'il soit fort étrange de l'avancer, il est vrai cependant que nous avons un certain amour pour la douleur, et que dans quelques caractères il est invincible. Le premier pas vers le bonheur serait de s'en défaire, et de retrancher à notre imagination tous ses talents malfaisants, ou du moins de la tenir pour fort suspecte. Ceux qui ne peuvent douter qu'ils n'aient toujours une vue saine de tout, sont incurables ; il est bien juste qu'une moindre opinion de soi-même ait quelquefois sa récompense.

N'y aurait-il point moyen de tirer des choses plus de bien que de mal, et de disposer son imagination, de sorte qu'elle séparât les plaisirs d'avec les chagrins, et ne laissât passer que les plaisirs ? Cette proposition ne le cède guère en difficulté à la pierre philosophale ; et si on la peut exécuter, ce ne peut être qu'avec le plus heureux naturel du monde, et tout l'art de la philosophie. Songeons que la plupart des choses sont d'une nature très douteuse, et que quoiqu'elles nous frappent bien vite comme biens ou comme maux, nous ne savons pas trop au vrai ce qu'elles sont. Tel événement vous a paru d'abord un grand malheur, que vous auriez été bien fâché dans la suite qui ne fût pas arrivé ; et si vous aviez connu ce qu'il amenait après lui, il vous aurait transporté de joie. Et sur ce pied-là, quel regret ne devez-vous pas avoir à votre chagrin ? Il ne faut donc pas se presser de s'affliger, attendons que ce qui nous paraît si mauvais se développe. Mais d'un autre côté ce qui nous paraît agréable peut amener aussi, peut cacher quelque chose de mauvais, et il ne faut pas se presser de se réjouir. Ce n'est pas une conséquence, on ne doit pas tenir la même rigueur à la joie qu'au chagrin.

Un grand obstacle au bonheur, c'est de s'attendre à un trop grand bonheur. Figurons-nous qu'avant que de nous faire naître, on nous montre le séjour qui nous est préparé, et ce nombre infini de maux qui doivent se distribuer entre ses habitants. De quelle frayeur ne serions-nous pas saisis à la vue de ce terrible partage où nous devrions entrer ? Et ne compterions-nous pas pour un bonheur prodigieux d'en être quittes à aussi bon marché qu'on l'est dans ces conditions médiocres, qui nous paraissent présentement insupportables : les esclaves, ceux qui n'ont pas de quoi vivre, ceux qui ne vivent qu'à la sueur de leur front, ceux qui languissent dans des maladies habituelles, voilà une grande partie du genre humain. A quoi a-t-il tenu que nous n'en fussions ? Apprenons combien il est dangereux d'être hommes, et comptons tous les malheurs dont nous sommes exempts pour autant de périls dont nous sommes échappés[6].

Une infinité de choses que nous avons et que nous ne sentons pas, feraient chacune le suprême bonheur de quelqu'un : il y a tel homme dont tous les désirs se termineraient à avoir deux bras. Ce n'est pas que ces sortes de biens, qui ne le sont que parce que leur privation serait un grand mal, puissent jamais causer un sentiment vif, même à ceux qui seraient les plus appliqués à faire tout valoir. On ne saurait être transporté de se trouver deux bras ; mais en faisant souvent réflexion sur le grand nombre de maux qui pourraient nous arriver, on pardonne plus aisément à ceux qui arrivent. Notre condition est meilleure quand nous nous y soumettons de bonne grâce, que quand nous nous révoltons inutilement contre elle.

Nous regardons ordinairement les biens que nous font la nature ou la fortune comme des dettes qu'elles nous paient, et par conséquent nous les recevons avec une espèce d'indifférence ; les maux au contraire nous paraissent des injustices, et nous les recevons avec impatience et avec aigreur. Il faudrait rectifier des idées si fausses. Les maux sont très communs, et c'est ce qui doit naturellement nous échoir ; les biens sont très rares, et ce sont des exceptions flatteuses faites en notre faveur à la règle générale.

Le bonheur est en effet bien plus rare que l'on ne pense. Je compte pour heureux celui qui possède un certain bien que je désire, et que je crois qui ferait ma félicité ; le possesseur de ce bien-là est malheureux ; ma condition est gâtée par la privation de ce qu'il a, la sienne l'est par d'autres privations. Chacun brille d'un faux éclat aux yeux de quelque autre, chacun est envié pendant qu'il est lui-même envieux ; et si être heureux était un vice ou un ridicule, les hommes ne se le renverraient pas mieux les uns aux autres. Ceux qui en seraient le plus accusés, les grands, les princes, les rois, seraient justement les moins coupables. Désabusons-nous de cette illusion qui nous peint beaucoup plus d'heureux qu'il n'y en a, et nous serons ou plus flattés d'être du nombre, ou moins irrités de n'en être pas.

Puisqu'il y a si peu de biens, il ne faudrait négliger aucun de ceux qui tombent dans notre partage ; cependant on en use comme dans une grande abondance, et dans une grande sûreté d'en avoir tant qu'on voudra ; on ne daigne pas s'arrêter à goûter ceux que l'on possède ; souvent on les abandonne pour courir après ceux que l'on n'a pas. Nous tenons le présent dans nos mains ; mais l'avenir est une espèce de charlatan, qui en nous éblouissant les yeux, nous l'escamote. Pourquoi lui permettre de se jouer ainsi de nous ? Pourquoi souffrir que des espérances vaines et douteuses nous enlèvent des jouissances certaines ? Il est vrai qu'il y a beaucoup de gens pour qui ces espérances mêmes sont des jouissances, et qui ne savent jouir que de ce qu'ils n'ont pas. Laissons-leur cette espèce de possession si imparfaite, si peu tranquille, si agitée, puisqu'ils n'en peuvent avoir d'autre ; il serait trop cruel de la leur ôter : mais tâchons, s'il est possible, de nous ramener au présent, à ce que nous avons, et qu'un bien ne perde pas tout son prix parce qu'il nous a été accordé.

Ordinairement on dédaigne de sentir les petits biens, et on n'a pas le même mépris pour les maux médiocres. Que la chose soit du moins égale. Si le sentiment des biens médiocres est étouffé en nous par l'idée de quelques biens plus grands auxquels on aspire, que l'idée des grands malheurs où l'on n'est pas tombé, nous console des petits.

Les petits biens que nous négligeons, que savons-nous si ce ne seront pas les seuls qui s'offriront à nous ? Ce sont des présents faits par une puissance avare, qui ne se résoudra peut-être plus à nous en faire. Il y a peu de gens qui quelquefois en leur vie n'aient eu regret à quelque état, à quelque situation dont ils n'avaient pas assez goûté le bonheur. Il y en a peu qui n'aient eux-mêmes trouvé injustes quelques-unes des plaintes qu'ils avaient faites de la fortune. On a été ingrat, et on est puni.

Il ne faut pas, disent les philosophes rigides[7], mettre notre bonheur dans tout ce qui ne dépend pas de nous, ce serait trop le mettre à l'aventure. Il y a beaucoup à rabattre d'un précepte si magnifique, mais le plus qu'on en pourra conserver, ce sera le mieux. Figurons-nous que notre bonheur devrait entièrement dépendre de nous, et que c'est par une espèce d'usurpation que les choses de dehors se sont mises en possession d'en disposer ; ressaisissons-nous, autant qu'il est possible, d'un droit si important, et si dangereux à confier, remettons sous notre puissance ce qui en a été détaché injustement.

D'abord il faut examiner, pour ainsi dire, les titres de ce qui prétend ordonner de notre bonheur ; peu de choses soutiendront cet examen, pour peu qu'il soit rigoureux. Pourquoi cette dignité que je poursuis m'est-elle si nécessaire ? C'est qu'il faut être élevé au-dessus des autres. Et pourquoi le faut-il ? C'est pour recevoir leurs respects et leurs hommages. Et que me feront ces hommages et ces respects ? Ils me flatteront très sensiblement. Et comment me flatteront-ils, puisque je ne les devrai qu'à ma dignité, et non pas à moi-même ? Il en est ainsi de plusieurs autres idées qui ont pris une place fort importante dans mon esprit ; si je les attaquais, elles ne tiendraient pas longtemps. Il est vrai qu'il y en a qui feraient plus de résistance les unes que les autres ; mais selon qu'elles seraient plus incommodes et plus dangereuses, il faudrait revenir à la charge plus souvent et avec plus de courage. Il n'y a guère de fantaisie que l'on ne mine peu à peu, et que l'on ne fasse enfin tomber à force de réflexions.

Mais comme nous ne pouvons pas rompre avec tout ce qui nous environne, quels seront les objets extérieurs auxquels nous laisserons des droits sur nous ? Ceux dont il y aura plus à espérer qu'à craindre. Il n'est question que de calculer, et la sagesse doit toujours avoir les jetons à la main[8]. Combien valent ces plaisirs-là, et combien valent les peines dont il faudrait les acheter, ou qui les suivraient ? On ne saurait disconvenir que selon les différentes imaginations les prix ne changent, et qu'un même marché ne soit bon pour l'un et mauvais pour l'autre. Cependant il y a à peu près un prix commun pour les choses principales ; et de l'aveu de tout le monde, par exemple, l'amour est un peu cher ; aussi ne se laisse-t-il pas évaluer.

Pour le plus sûr, il en faut revenir aux plaisirs simples, tels que la tranquillité de la vie, la société, la chasse, la lecture, etc.[9] S'ils ne coûtaient moins que les autres, qu'à proportion de ce qu'ils sont moins vifs, ils ne mériteraient pas de leur être préférés, et les autres vaudraient autant leur prix que ceux-ci le leur ; mais les plaisirs simples sont toujours des plaisirs, et ils ne coûtent rien. Encore un grand avantage, c'est que la fortune ne nous les peut guère enlever. Quoiqu'il ne soit pas raisonnable d'attacher notre bonheur à tout ce qui est le plus exposé aux caprices du hasard, il semble que le plus souvent nous choisissons avec soin les endroits les moins sûrs pour l'y placer. Nous aimons mieux avoir tout notre bien sur un vaisseau, qu'en fonds de terre. Enfin les plaisirs vifs n'ont que des instants, et des instants souvent funestes par un excès de vivacité qui ne laisse rien goûter après eux, au lieu que les plaisirs simples sont ordinairement de la durée que l'on veut, et ne gâtent rien de ce qui les suit.

Les gens accoutumés aux mouvements violents des passions, trouveront sans doute fort insipide tout le bonheur que peuvent produire les plaisirs simples. Ce qu'ils appellent insipidité, je l'appelle tranquillité ; et je conviens que la vie la plus comblée de ces sortes de plaisirs n'est guère qu'une vie tranquille. Mais quelle idée a-t-on de la condition humaine, quand on se plaint de n'être que tranquille ? Et l'état le plus délicieux que l'on puisse imaginer, que devient-il après que la première vivacité du sentiment est consumée ? Il devient un état tranquille, et c'est même le mieux qui puisse lui arriver.

Il n'y a personne qui dans le cours de sa vie n'ait quelques événements heureux, des temps ou des moments agréables. Notre imagination les détache de tout ce qui les a précédés ou suivis ; elle les rassemble, et se représente une vie qui en serait toute composée : voilà ce qu'elle appellerait du nom de bonheur, voilà à quoi elle aspire, peut-être sans oser trop se l'avouer. Toujours est-il certain que tous les intervalles languissants qui dans les situations les plus heureuses sont et fort longs et en grand nombre, nous les regardons à peu près comme s'ils n'y devaient pas être. Ils y sont cependant, et en sont bien

inséparables. Il n'y a point en chimie d'esprit si vif qui
n'ait beaucoup de flegme[10] ; l'état le plus délicieux en a
beaucoup aussi, beaucoup de temps insipide, qu'il faut
tâcher de prendre en gré.

Souvent le bonheur dont on se fait l'idée, est trop composé et trop compliqué. Combien de choses, par exemple,
seraient nécessaires pour celui d'un courtisan ? Du crédit
auprès des ministres, la faveur du roi, des établissements
considérables pour lui et pour ses enfants, de la fortune
au jeu, des maîtresses fidèles et qui flattassent sa vanité ;
enfin tout ce que peut lui représenter une imagination
effrénée et insatiable. Cet homme-là ne pourrait être heureux qu'à trop grands frais, certainement la nature n'en
fera pas la dépense.

Le bonheur que nous nous proposons sera toujours
d'autant plus facile à obtenir, qu'il y entrera moins de
choses différentes, et qu'elles seront moins indépendantes
de nous. La machine sera plus simple, et en même temps
plus sous notre main.

Si l'on est à peu près bien, il faut se croire tout à fait
bien. Souvent on gâterait tout pour attraper ce bien com-
plet. Rien n'est si délicat ni si fragile qu'un état heureux ;
il faut craindre d'y toucher, même sous prétexte d'amélio-
ration.

La plupart des changements qu'un homme fait à son
état pour le rendre meilleur, augmentent la place qu'il
tient dans le monde, son volume, pour ainsi dire ; mais ce
volume plus grand donne plus de prise aux coups de la
fortune. Un soldat qui va à la tranchée, voudrait-il devenir
un géant pour attraper plus de coups de mousquet ? Celui
qui veut être heureux se réduit et se resserre autant qu'il
est possible. Il a ces deux caractères, il change peu de
place, et en tient peu.

Le plus grand secret pour le bonheur, c'est d'être bien
avec soi[11]. Naturellement tous les accidents fâcheux qui

viennent du dehors, nous rejettent vers nous-mêmes, et il est bon d'y avoir une retraite agréable, mais elle ne peut l'être si elle n'a été préparée par les mains de la vertu. Toute l'indulgence de l'amour-propre n'empêche point qu'on ne se reproche du moins une partie de ce qu'on a à se reprocher ; et combien est-on encore troublé par le soin humiliant de se cacher aux autres, par la crainte d'être connu, par le chagrin inévitable de l'être ? On se fuit, et avec raison ; il n'y a que le vertueux qui puisse se voir et se reconnaître. Je ne dis pas qu'il rentre en lui-même pour s'admirer et pour s'applaudir, et le pourrait-il, quelque vertueux qu'il fût ? Mais comme on s'aime toujours assez, il suffit d'y pouvoir rentrer sans honte pour y rentrer avec plaisir.

Il peut fort bien arriver que la vertu ne conduise ni à la richesse, ni à l'élévation, et qu'au contraire elle en exclue ; ses ennemis ont de grands avantages sur elle par rapport à l'acquisition de ces sortes de biens. Il peut encore arriver que la gloire, sa récompense la plus naturelle, lui manque ; peut-être s'en privera-t-elle elle-même ; du moins en ne la recherchant pas, hasardera-t-elle d'en être privée. Mais une récompense infaillible pour elle, c'est la satisfaction intérieure. Chaque devoir rempli en est payé dans le moment ; on peut sans orgueil appeler à soi-même des injustices de la fortune ; on s'en console par le témoignage légitime qu'on se rend de ne les avoir pas méritées ; on trouve dans sa propre raison et dans sa droiture un plus grand fonds de bonheur que les autres n'en attendent des caprices du hasard.

Il reste un souhait à faire sur une chose dont on n'est pas le maître, car nous n'avons parlé que de celles qui étaient en notre disposition ; c'est d'être placé par la fortune dans une condition médiocre. Sans cela, et le bonheur et la vertu seraient trop en péril. C'est là cette médiocrité si recommandée par les philosophes, si chantée par les poètes, et quelquefois si peu recherchée par eux tous[12].

Je conviens qu'il manque à ce bonheur une chose qui, selon les façons de penser communes, y serait cependant bien nécessaire ; il n'a nul éclat. L'heureux que nous supposons ne passerait guère pour l'être, il n'aurait pas le plaisir d'être envié ; il y a plus ; peut-être lui-même aurait-il de la peine à se croire heureux, faute de l'être cru par les autres ; car leur jalousie sert à nous assurer de notre état, tant nos idées sont chancelantes sur tout, et ont besoin d'être appuyées. Mais enfin pour peu que cet heureux se compare à ceux que le vulgaire croirait plus heureux que lui, il sentira facilement les avantages de sa situation ; il se résoudra volontiers à jouir d'un bonheur modeste et ignoré, dont l'étalage n'insultera personne : ses plaisirs, comme ceux des amants discrets, seront assaisonnés du mystère.

Après tout cela, ce sage, ce vertueux, cet heureux est toujours un homme, il n'est point arrivé à un état inébranlable que la condition humaine ne comporte point ; il peut tout perdre, et même par sa faute. Il conservera d'autant mieux sa sagesse ou sa vertu, qu'il s'y fiera moins ; et son bonheur, qu'il s'en assurera moins.

DE L'ORIGINE DES FABLES

On nous a si fort accoutumés pendant notre enfance aux fables des Grecs, que quand nous sommes en état de raisonner, nous ne nous avisons plus de les trouver aussi étonnantes qu'elles le sont. Mais si l'on vient à se défaire des yeux de l'habitude, il ne se peut qu'on ne soit épouvanté de voir toute l'ancienne histoire d'un peuple qui n'est qu'un amas de chimères, de rêveries et d'absurdités. Serait-il possible qu'on eût donné tout cela pour vrai ? A quel dessein nous l'aurait-on donné pour faux ? Quel aurait été cet amour des hommes pour des faussetés manifestes et ridicules, et pourquoi ne durerait-il plus ? Car les fables des Grecs n'étaient pas comme nos romans qu'on nous donne pour ce qu'ils sont, et non pas pour des histoires ; il n'y a point d'autres histoires anciennes que les fables. Eclaircissons, s'il se peut, cette matière, étudions l'esprit humain dans une de ses plus étranges productions ; c'est là bien souvent qu'il se donne le mieux à connaître.

Dans les premiers siècles du monde, et chez les nations qui n'avaient point entendu parler des traditions de la famille de Seth, ou qui ne les conservèrent pas[1], l'ignorance et la barbarie durent être à un excès que nous ne sommes presque plus en état de nous représenter. Figurons-nous les Cafres, les Lapons ou les Iroquois, et même prenons garde que ces peuples étant déjà anciens, ils ont dû parvenir à quelque degré de connaissance et de politesse que les premiers hommes n'avaient pas.

A mesure que l'on est plus ignorant, et que l'on a moins d'expérience, on voit plus de prodiges. Les premiers hommes en virent donc beaucoup ; et comme naturellement les pères content à leurs enfants ce qu'ils ont vu et ce qu'ils ont fait, ce ne furent que prodiges dans les récits de ces temps-là.

Quand nous racontons quelque chose de surprenant, notre imagination s'échauffe sur son objet, et se porte d'elle-même à l'agrandir et à y ajouter ce qui y manquerait pour le rendre tout à fait merveilleux, comme si elle avait regret de laisser une belle chose imparfaite. De plus, on est flatté des sentiments de surprise et d'admiration que l'on cause à ses auditeurs, et on est bien aise de les augmenter encore, parce qu'il semble qu'il en revient je ne sais quoi à notre vanité. Ces deux raisons jointes ensemble, font que tel homme qui n'a point dessein de mentir en commençant un récit un peu extraordinaire, pourra néanmoins se surprendre lui-même en mensonge, s'il y prend bien garde ; et de là vient qu'on a besoin d'une espèce d'effort et d'une attention particulière pour ne dire exactement que la vérité. Que sera-ce après cela de ceux qui naturellement aiment à inventer et à imposer aux autres[2] ?

Les récits que les premiers hommes firent à leurs enfants, étant donc souvent faux en eux-mêmes, parce qu'ils étaient faits par des gens sujets à voir bien des choses qui n'étaient pas, et par-dessus cela ayant été exagérés, ou de bonne foi, selon que nous venons de l'expliquer, ou de mauvaise foi, il est clair que les voilà déjà bien gâtés dès leur source. Mais assurément ce sera encore bien pis quand ils passeront de bouche en bouche ; chacun en ôtera quelque petit trait de vrai, et y en mettra quelqu'un de faux, et principalement du faux merveilleux qui est le plus agréable ; et peut-être qu'après un siècle ou deux, non seulement il n'y restera rien du peu de vrai qui y était d'abord, mais même il n'y restera guère de chose du premier faux.

Croira-t-on ce que je vais dire ? Il y a eu de la philosophie même dans ces siècles grossiers, et elle a beaucoup servi à la naissance des fables. Les hommes qui ont un peu plus de génie que les autres, sont naturellement portés à rechercher la cause de ce qu'ils voient. D'où peut venir cette rivière qui coule toujours ? a dû dire un contemplatif de ces siècles-là. Etrange sorte de philosophe, mais qui aurait peut-être été un Descartes dans ce siècle-ci. Après une longue méditation, il a trouvé fort heureusement qu'il y avait quelqu'un qui avait soin de verser toujours cette eau de dedans une cruche. Mais qui lui fournissait toujours cette eau ? Le contemplatif n'allait pas si loin.

Il faut prendre garde que ces idées qui peuvent être appelées les systèmes de ces temps-là, étaient toujours copiées d'après les choses les plus connues. On avait vu souvent verser de l'eau de dedans une cruche ; on imaginait donc fort bien comment un dieu versait celle d'une rivière, et par la facilité même qu'on avait à l'imaginer, on était tout à fait porté à le croire. Ainsi pour rendre raison des tonnerres et des foudres, on se représentait volontiers un dieu de figure humaine lançant sur nous des flèches de feu ; idée manifestement prise sur des objets très familiers[3].

Cette philosophie des premiers siècles roulait sur un principe si naturel, qu'encore aujourd'hui notre philosophie n'en a point d'autre ; c'est-à-dire, que nous expliquons les choses inconnues de la nature par celles que nous avons devant les yeux, et que nous transportons à la physique les idées que l'expérience nous fournit. Nous avons découvert par l'usage, et non pas deviné, ce que peuvent les poids, les ressorts, les leviers ; nous ne faisons agir la nature que par des leviers, des poids et des ressorts[4]. Ces pauvres sauvages qui ont les premiers habité le monde, ou ne connaissaient point ces choses-là, ou n'y avaient fait aucune attention. Ils n'expliquaient donc les effets de la nature que par des choses plus grossières et plus palpables qu'ils connaissaient. Qu'avons-nous fait les uns et les autres ? Nous nous sommes toujours représenté l'inconnu sous la figure de ce qui nous était connu ; mais heureusement il y a tous les sujets du monde de croire que l'inconnu ne peut pas ne point ressembler à ce qui nous est connu présentement.

De cette philosophie grossière qui régna nécessairement dans les premiers siècles, sont nés les dieux et les déesses. Il est assez curieux de voir comment l'imagination humaine a enfanté les fausses divinités[5]. Les hommes voyaient bien des choses qu'ils n'eussent pas pu faire ; lancer les foudres, exciter les vents, agiter les flots de la mer, tout cela était beaucoup au-dessus de leur pouvoir ; ils imaginèrent des êtres plus puissants qu'eux, et capables de produire ces grands effets. Il fallait bien que ces êtres-là fussent faits comme des hommes ; quelle autre figure eussent-ils pu avoir ? Du moment qu'ils sont de figure humaine, l'imagination leur attribue naturellement tout ce qui est humain ; les voilà hommes en toutes manières, à cela près qu'ils sont toujours un peu plus puissants que des hommes.

De là vient une chose à laquelle on n'a peut-être pas encore fait de réflexion ; c'est que dans toutes les divinités que les païens ont imaginées, ils y ont fait dominer l'idée du pouvoir, et n'ont eu presque aucun égard ni à la sagesse, ni à la justice, ni à tous les autres attributs qui suivent la nature divine. Rien ne prouve mieux que ces divinités sont fort anciennes, et ne marque mieux le chemin que l'imagination a tenu en les formant. Les premiers hommes ne connaissaient point de plus belle qualité que la force du corps ; la sagesse et la justice n'avaient pas seu-

lement de nom dans les langues anciennes, comme elles
n'en ont pas encore aujourd'hui chez les barbares de
l'Amérique ; d'ailleurs la première idée que les hommes
prirent de quelque être supérieur, ils la prirent sur des
effets extraordinaires, et nullement sur l'ordre réglé de
l'univers qu'ils n'étaient point capables de reconnaître ni
d'admirer. Ainsi ils imaginèrent les dieux dans un temps
où ils n'avaient rien de plus beau à leur donner que du
pouvoir, et ils les imaginèrent sur ce qui portait des
marques de pouvoir, et non sur ce qui en portait de
sagesse. Il n'est donc pas surprenant qu'ils aient imaginé
plusieurs dieux, souvent opposés les uns aux autres,
cruels, bizarres, injustes, ignorants ; tout cela n'est point
directement contraire à l'idée de force et de pouvoir qui
est la seule qu'ils eussent prise. Il fallait bien que ces dieux
se sentissent et du temps où ils avaient été faits, et des
occasions qui les avaient fait faire. Et même quelle misérable espèce de pouvoir leur donnait-on ? Mars le dieu de
la guerre est blessé dans un combat par un mortel : cela
déroge beaucoup à sa dignité ; mais en se retirant il fait un
cri tel que dix mille hommes ensemble l'auraient pu faire[6]:
c'est par ce vigoureux cri que Mars l'emporte en force sur
Diomède ; et en voilà assez, selon le judicieux Homère,
pour sauver l'honneur du dieu. De la manière dont l'imagination est faite, elle se contente de peu de chose, et elle
reconnaîtra toujours pour une divinité ce qui aura un peu
plus de pouvoir qu'un homme.

Cicéron a dit quelque part, qu'il aurait mieux aimé
qu'Homère eût transporté les qualités des dieux aux
hommes, que de transporter comme il a fait les qualités
des hommes aux dieux[7]: mais Cicéron en demandait
trop ; ce qu'il appelait en son temps les qualités des dieux,
n'était nullement connu du temps d'Homère. Les païens
ont toujours copié leurs divinités d'après eux-mêmes :
ainsi à mesure que les hommes sont devenus plus parfaits,

les dieux le sont devenus aussi davantage. Les premiers hommes sont fort brutaux, et ils donnent tout à la force : les dieux seront presque aussi brutaux, et seulement un peu plus puissants ; voilà les dieux du temps d'Homère. Les hommes commencent à avoir des idées de la sagesse et de la justice : les dieux y gagnent ; ils commencent à être sages et justes, et le sont toujours de plus en plus à proportion que ces idées se perfectionnent parmi les hommes ; voilà les dieux du temps de Cicéron, et ils valaient bien mieux que ceux du temps d'Homère, parce que de bien meilleurs philosophes y avaient mis la main.

Jusqu'ici les premiers hommes ont donné naissance aux fables, sans qu'il y ait, pour ainsi dire, de leur faute. On est ignorant, et on voit par conséquent bien des prodiges : on exagère naturellement les choses surprenantes en les racontant ; elles se chargent encore de diverses faussetés en passant par plusieurs bouches ; il s'établit des espèces de systèmes de philosophie fort grossiers et fort absurdes, mais il ne peut s'en établir d'autres. Nous allons voir maintenant que sur ces fondements les hommes ont en quelque manière pris plaisir à se tromper eux-mêmes.

Ce que nous appelons la philosophie des premiers siècles, se trouva tout à fait propre à s'allier avec l'histoire des faits. Un jeune homme est tombé dans une rivière, et on ne saurait retrouver son corps. Qu'est-il devenu ? La philosophie du temps enseigne qu'il y a dans cette rivière des jeunes filles qui la gouvernent ; les jeunes filles ont enlevé le jeune homme, cela est fort naturel, on n'a pas besoin de preuves pour le croire[8]. Un homme dont on ne connaît point la naissance, a quelque talent extraordinaire ; il y a des dieux faits à peu près comme les hommes, on n'examine pas davantage qui sont ses parents ; il est fils de quelqu'un de ces dieux-là[9]. Que l'on considère avec attention la plus grande partie des fables, on trouvera qu'elles ne sont qu'un mélange des faits avec la philosophie du temps, qui expliquait fort commodément ce que les faits avaient de merveilleux, et qui se liait avec eux très naturellement. Ce n'étaient que dieux et déesses qui nous ressemblaient tout à fait, et qui étaient fort bien assortis sur la scène avec les hommes. Comme les histoires de faits véritables mêlées de ces fausses imaginations eurent beaucoup de cours, on commença à en forger sans aucun fondement, ou tout au moins on ne raconta plus les faits un peu remarquables, sans les revêtir des ornements que l'on avait reconnu qui étaient propres à plaire. Ces ornements étaient faux, peut-être même que quelquefois on les donnait pour tels, et cependant les histoires ne passaient pas pour être fabuleuses. Cela s'entendra par une comparaison de notre histoire moderne avec l'ancienne.

Dans le temps où l'on a eu le plus d'esprit, comme dans le siècle d'Auguste et dans celui-ci, on a aimé à raisonner sur les actions des hommes, à en pénétrer les motifs et à connaître les caractères. Les historiens de ces siècles-là se sont accommodés à ce goût, ils se sont bien gardés d'écrire les faits nûment et sèchement, ils les ont accompagnés de motifs, et y ont mêlé les portraits de leurs personnages[10]. Croyons-nous que ces portraits et ces motifs soient exactement vrais ? Y avons-nous la même foi qu'aux faits ? Non, nous savons fort bien que les historiens les ont devinés comme ils ont pu, et qu'il est presque impossible qu'ils aient deviné tout à fait juste. Cependant nous ne trouvons point mauvais que les historiens aient recherché cet embellissement qui ne sort point de la vraisemblance ; et c'est à cause de cette vraisemblance que ce mélange de faux que nous reconnaissons qui peut être dans nos histoires, ne nous les fait pas regarder comme des fables.

De même, après que par les voies que nous avons dites, les anciens peuples eurent pris le goût de ces histoires, où il entrait des dieux et des déesses, et en général du merveilleux, on ne débita plus d'histoires qui n'en fussent ornées. On savait que cela pouvait n'être pas vrai ; mais en ce temps-là il était vraisemblable, et c'en était assez pour conserver à ces fables la qualité d'histoires.

Encore aujourd'hui les Arabes remplissent leurs histoires de prodiges et de miracles, le plus souvent ridicules et grotesques[11]. Sans doute cela n'est pris chez eux que pour des ornements auxquels on n'a garde d'être trompé, parce que c'est entre eux une espèce de convention d'écrire ainsi. Mais quand ces sortes d'histoires passent chez d'autres peuples qui ont le goût de vouloir qu'on écrive les faits dans leur exacte vérité, ou elles sont crues au pied de la lettre, ou du moins on se persuade qu'elles ont été crues par ceux qui les ont publiées, et par ceux qui les ont reçues sans contradiction. Certainement le malentendu est considérable. Quand j'ai dit que le faux de ces histoires était reconnu pour ce qu'il était, j'ai entendu parler des gens un peu éclairés ; car pour le peuple, il est destiné à être la dupe de tout.

Non seulement dans les premiers siècles on expliqua par une philosophie chimérique ce qu'il y avait de surprenant dans l'histoire des faits, mais ce qui appartenait à la philosophie, on l'expliqua par des histoires de faits imaginés à plaisir. On voyait vers le Septentrion deux constellations nommées les deux ourses qui paraissaient toujours, et ne se couchaient point comme les autres ; on n'avait garde de songer que c'est qu'elles étaient vers un pôle élevé à l'égard des spectateurs, on n'en savait pas tant ; on imagina que de ces deux ourses, l'une avait été autrefois une maîtresse, et l'autre un fils de Jupiter ; que ces deux personnes ayant été changées en constellations, la jalouse Junon avait prié l'Océan de ne point souffrir qu'elles descendissent chez lui comme les autres, et s'y allassent reposer[12]. Toutes les métamorphoses sont la physique de ces premiers temps. Les mûres sont rouges, parce qu'elles sont teintes du sang d'un amant et d'une amante ; la perdrix vole toujours terre à terre, parce que Dédale qui fut changé en perdrix, se souvenait du malheur de son fils qui avait volé trop haut ; et ainsi du reste[13]. Je n'ai jamais oublié que l'on m'a dit dans mon enfance que le sureau avait eu autrefois des raisins d'aussi bon goût que la vigne ; mais que le traître Judas s'étant pendu à cet arbre, ses fruits étaient devenus aussi mauvais qu'ils le sont présentement[14]. Cette fable ne peut être née que depuis le christianisme ; et elle est précisément de la même espèce que ces anciennes métamorphoses qu'Ovide a ramassées, c'est-à-dire que les hommes ont toujours de l'inclination pour ces sortes d'histoires. Elles ont le double agrément, et de frapper l'esprit par quelque trait merveilleux, et de satisfaire la curiosité par la raison apparente qu'elles rendent de quelque effet naturel et fort connu.

Outre tous ces principes particuliers de la naissance des fables, il y en a eu deux autres plus généraux qui les ont extrêmement favorisées. Le premier est le droit que l'on a d'inventer des choses pareilles à celles qui sont reçues, ou de les pousser plus loin par des conséquences. Quelque événement extraordinaire aura fait croire qu'un dieu avait été amoureux d'une femme ; aussitôt toutes les histoires ne seront pleines que de dieux amoureux. Vous croyez bien l'un, pourquoi ne croiriez-vous pas l'autre ? Si les dieux ont des enfants, ils les aiment, ils emploient toute leur puissance pour eux dans les occasions, et voilà une source inépuisable de prodiges qu'on ne pourra traiter d'absurdes.

Le second principe qui sert beaucoup à nos erreurs, est le respect aveugle de l'antiquité[15]. Nos père l'ont cru ; prétendrions-nous être plus sages qu'eux ? Ces deux principes joints ensemble font des merveilles. L'un sur le moindre fondement que la faiblesse de la nature humaine ait donné, étend une sottise à l'infini ; l'autre, pour peu qu'elle soit établie, la conserve à jamais. L'un, parce que nous sommes déjà dans l'erreur, nous engage à y être encore de plus en plus ; et l'autre nous défend de nous en tirer, parce que nous y avons été quelque temps[16].

Voilà, selon toutes les apparences, ce qui a poussé les fables à ce haut degré d'absurdité où elles sont arrivées, et ce qui les y a maintenues : car ce que la nature y a mis directement du sien, n'était ni tout à fait si ridicule, ni en si grande quantité ; et les hommes ne sont point si fous, qu'ils eussent pu tout d'un coup enfanter de telles rêveries, y ajouter foi, et être un fort long temps à s'en désabuser, à moins qu'il ne s'y fût mêlé les deux choses que nous venons de dire.

Examinons les erreurs de ces siècles-ci, nous trouverons que les mêmes choses les ont établies, étendues, et conservées. Il est vrai que nous ne sommes arrivés à aucune absurdité aussi considérable que les anciennes fables des Grecs ; mais c'est que nous ne sommes point partis d'abord d'un point si absurde. Nous savons aussi bien qu'eux étendre et conserver nos erreurs, mais heureusement elles ne sont pas si grandes, parce que nous sommes éclairés des lumières de la vraie religion, et, à ce que je crois, de quelques rayons de la vraie philosophie.

On attribue ordinairement l'origine des fables à l'imagination vive des Orientaux ; pour moi je l'attribue à l'ignorance des premiers hommes[17]. Mettez un peuple nouveau sous le pôle, ses premières histoires seront des fables ; et en effet les anciennes histoires du Septentrion n'en sont-elles pas toutes pleines ? Ce ne sont que géants et magiciens. Je ne dis pas qu'un soleil vif et ardent ne puisse encore donner aux esprits une dernière coction, qui perfectionne la disposition qu'ils ont à se repaître de fables, mais tous les hommes ont pour cela des talents indépendants du soleil. Aussi dans tout ce que je viens de dire, je n'ai supposé dans les hommes que ce qui leur est commun à tous, et ce qui doit avoir son effet sous les zones glaciales comme sous la torride.

Je montrerais peut-être bien, s'il le fallait, une conformité étonnante entre les fables des Américains et celles des Grecs[18]. Les Américains envoyaient les âmes de ceux qui avaient mal vécu dans de certains lacs bourbeux et désagréables, comme les Grecs les envoyaient sur les bords de leurs rivières de Styx et d'Achéron. Les Américains croyaient que la pluie venait de ce qu'une jeune fille qui était dans les nues jouant avec son petit frère, il lui cassait sa cruche pleine d'eau : cela ne ressemble-t-il pas fort à ces nymphes de fontaines, qui renversent l'eau de dedans des urnes[19] ? Selon les traditions du Pérou, l'Ynca Manco Guyna Capac, fils du soleil, trouva moyen par son éloquence de retirer du fond des forêts les habitants du pays qui y vivaient à la manière des bêtes, et il les fit vivre sous des lois raisonnables. Orphée en fit autant pour les Grecs, et il était aussi fils du soleil : ce qui montre que les Grecs furent pendant un temps des sauvages aussi bien que les Américains, et qu'ils furent tirés de la barbarie par les mêmes moyens ; et que les imaginations de ces deux peuples si éloignés se sont accordées à croire fils du soleil, ceux qui avaient des talents extraordinaires[20]. Puisque les Grecs avec tout leur esprit, lorsqu'ils étaient encore un peuple nouveau, ne pensèrent point plus raisonnablement que les barbares de l'Amérique, qui étaient selon toutes les apparences un peuple assez nouveau lorsqu'ils furent découverts par les Espagnols, il y a sujet de croire que les Américains seraient venus à la fin à penser aussi raisonnablement que les Grecs, si on leur en avait laissé le loisir.

On trouve aussi chez les anciens Chinois la méthode qu'avaient les anciens Grecs d'inventer des histoires pour rendre raison des choses naturelles[21]. D'où vient le flux et le reflux de la mer ? Vous jugez bien qu'ils n'iront pas penser à la pression de la lune sur notre tourbillon. C'est qu'une princesse eut cent enfants, cinquante habitèrent les rivages de la mer, et les cinquante autres les montagnes. De là vinrent deux grands peuples, qui ont souvent guerre ensemble. Quand ceux qui habitent les rivages ont l'avantage sur ceux des montagnes, et les poussent devant eux, c'est le flux ; quand ils en sont repoussés, et qu'ils fuient des montagnes vers les rivages, c'est le reflux. Cette manière de philosopher ressemble assez à celle des *Métamorphoses* d'Ovide ; tant il est vrai que la même ignorance a produit à peu près les mêmes effets chez tous les peuples.

C'est par cette raison qu'il n'y en a aucun dont l'histoire ne commence par des fables, hormis le peuple élu, chez qui un soin particulier de la providence a conservé la vérité. Avec quelle prodigieuse lenteur les hommes arrivent à quelque chose de raisonnable, quelque simple qu'il soit ! Conserver la mémoire des faits tels qu'ils ont été, ce n'est pas une grande merveille ; cependant il se passera plusieurs siècles avant que l'on soit capable de le faire, et jusque-là les faits dont on gardera le souvenir ne seront que des visions et des rêveries. On aurait grand tort après cela d'être surpris que la philosophie et la manière de raisonner aient été pendant un grand nombre de siècles très grossières et très imparfaites, et qu'encore aujourd'hui les progrès en soient si lents.

Chez la plupart des peuples, les fables se tournèrent en religion ; mais de plus, chez les Grecs, elles se tournèrent, pour ainsi dire, en agrément. Comme elles ne fournissent que des idées conformes au tour d'imagination le plus commun parmi les hommes, la poésie et la peinture s'en accommodèrent parfaitement bien, et l'on sait quelle passion les Grecs avaient pour ces beaux arts. Des divinités de toutes les espèces répandues partout, qui rendent tout vivant et animé, qui s'intéressent à tout, et ce qui est plus important, des divinités qui agissent souvent d'une manière surprenante, ne peuvent manquer de faire un effet agréable, soit dans des poèmes, soit dans des tableaux, où il ne s'agit que de séduire l'imagination en lui présentant des objets qu'elle saisisse facilement, et qui en même temps la frappent. Le moyen que les fables ne lui convinssent pas, puisque c'est d'elle qu'elles sont nées ? Quand la poésie ou la peinture les ont mises en œuvre pour en donner le spectacle à notre imagination, elles n'ont fait que lui rendre ses propres ouvrages.

Les erreurs une fois établies parmi les hommes, ont coutume de jeter des racines bien profondes, et de s'accrocher à différentes choses qui les soutiennent. La religion et le bon sens nous ont désabusés des fables des Grecs ; mais elles se maintiennent encore parmi nous par le moyen de la poésie et de la peinture, auxquelles il semble qu'elles aient trouvé le secret de se rendre nécessaires. Quoique nous soyons incomparablement plus éclairés que ceux dont l'esprit grossier inventa de bonne foi les fables, nous reprenons très aisément ce même tour d'esprit qui rendit les fables si agréables pour eux ; ils s'en repaissaient parce qu'ils y croyaient, et nous nous en repaissons avec autant de plaisir sans y croire ; et rien ne prouve mieux que l'imagination et la raison n'ont guère de commerce ensemble, et que les choses dont la raison est pleinement détrompée, ne perdent rien de leurs agréments à l'égard de l'imagination.

Nous n'avons fait entrer jusqu'à présent dans cette histoire de l'origine des fables, que ce qui est pris du fond de la nature humaine, et en effet c'est ce qui y a dominé ; mais il s'y est joint des choses étrangères, auxquelles nous ne devons pas refuser ici leur place. Par exemple, les Phéniciens et les Egyptiens étant des peuples plus anciens que les Grecs, leurs fables passèrent chez les Grecs, et grossirent dans ce passage, et même leurs histoires les plus vraies y devinrent des fables. La langue phénicienne, et peut-être aussi l'égyptienne, était toute pleine de mots équivoques ; d'ailleurs les Grecs n'entendaient guère ni l'une ni l'autre, et voilà une source merveilleuse de méprises[22]. Deux Egyptiennes dont le nom propre veut dire Colombes, sont venues habiter dans la forêt de Dodone pour y dire la bonne aventure ; les Grecs entendent que ce sont deux vraies colombes perchées sur des arbres qui prophétisent, et puis bientôt après ce sont les arbres qui prophétisent eux-mêmes. Un gouvernail de navire a un nom phénicien qui veut dire aussi *parlant* ; les Grecs dans l'histoire du navire Argo conçoivent qu'il y avait un gouvernail qui parlait. Les savants de ces derniers temps ont trouvé mille autres exemples, où l'on voit clairement que l'origine de plusieurs fables consiste dans ce qu'on appelle vulgairement des *quiproquo*, et que les Grecs étaient fort sujets à en faire sur le phénicien ou l'égyptien. Pour moi je trouve que les Grecs qui avaient tant d'esprit et de curiosité manquaient bien de l'un ou de l'autre, de ne pas s'aviser d'apprendre parfaitement ces langues-là, ou de les négliger. Ne savaient-ils pas bien que presque toutes leurs villes étaient des colonies égyptiennes ou des phéniciennes, et que la plupart de leurs anciennes histoires venaient de ce pays-là ? Les origines de leur langue et les antiquités de leur pays ne dépendaient-elles pas de ces deux langues ? Mais c'étaient des langues barbares, dures, et désagréables. Plaisante délicatesse !

Lorsque l'art d'écrire fut inventé, il servit beaucoup à répandre des fables, et à enrichir un peuple de toutes les sottises d'un autre ; mais on y gagna que l'incertitude de la tradition fut un peu fixée, que l'amas des fables ne grossit plus tant, et qu'il demeura à peu près dans l'état où l'invention de l'écriture le trouva.

L'ignorance diminua peu à peu, et par conséquent on vit moins de prodiges, on fit moins de faux systèmes de philosophie, les histoires furent moins fabuleuses ; car tout cela s'enchaîne. Jusque-là on n'avait gardé le souvenir des choses passées que par une pure curiosité ; mais on s'aperçut qu'il pouvait être utile de le garder, soit pour conserver les choses dont les nations se faisaient honneur, soit pour décider des différends qui pouvaient naître entre les peuples, soit pour fournir des exemples de vertu ; et je crois que cet usage a été le dernier auquel on ait pensé, quoique ce soit celui dont on fait le plus de bruit. Tout cela demandait que l'histoire fût vraie ; j'entends vraie par opposition aux histoires anciennes, qui n'étaient pleines que d'absurdités. On commença donc à écrire dans quelques nations l'histoire d'une manière plus raisonnable, et qui avait ordinairement de la vraisemblance.

Alors il ne paraît plus de nouvelles fables, on se contente seulement de conserver les anciennes. Mais que ne peuvent point les esprits follement amoureux de l'antiquité ? On va s'imaginer que sous ces fables sont cachés les secrets de la physique et de la morale.

Eût-il été possible que les anciens eussent produit de telles rêveries sans y entendre quelque finesse ? Le nom des anciens impose toujours ; mais assurément ceux qui ont fait les fables n'étaient pas gens à savoir de la morale ou de la physique, ni à trouver l'art de les déguiser sous des images empruntées.

Ne cherchons donc autre chose dans les fables, que l'histoire des erreurs de l'esprit humain. Il en est moins capable, dès qu'il sait à quel point il l'est. Ce n'est pas une science de s'être rempli la tête de toutes les extravagances des Phéniciens et des Grecs, mais c'en est une de savoir ce qui a conduit les Phéniciens et les Grecs à ces extravagances. Tous les hommes se ressemblent si fort, qu'il n'y a point de peuple dont les sottises ne nous doivent faire trembler.

DE L'EXISTENCE DE DIEU

La métaphysique fournit des preuves fort solides de l'existence de Dieu, mais comme il n'est pas possible qu'elles ne soient subtiles, et qu'elles ne roulent sur des idées un peu fines, elles en deviennent suspectes à la plupart des gens, qui croient que tout ce qui n'est pas sensible et palpable, est chimérique et purement imaginaire[1]. J'en ai beaucoup vu poussés à bout sur cette matière par des preuves de métaphysique, mais nullement persuadés, parce qu'ils avaient toujours dans la tête qu'on les trompait par quelque subtilité cachée[2]. Il y a lieu d'espérer que ceux qui sont de ce caractère goûteront un raisonnement de physique fort clair, fort intelligible, et fondé sur des idées très familières à tout le monde ; on en vanterait un peu aussi la solidité et la force, si on ne croyait pas l'avoir inventé.

Les animaux ne se perpétuent que par la voie de la génération, mais il faut nécessairement que les deux premiers de chaque espèce aient été produits ou par la rencontre fortuite des parties de la matière, ou par la volonté d'un Etre intelligent, qui dispose la matière selon ses desseins.

Si la rencontre fortuite des parties de la matière a produit les premiers animaux, je demande pourquoi elle n'en produit plus, et ce n'est que sur ce point que roule tout mon raisonnement. On ne trouvera pas d'abord grande difficulté à répondre que lorsque la terre se forma, comme elle était remplie d'atomes vifs et agissants, imprégnée de la même matière subtile dont les astres venaient d'être formés, en un mot jeune et vigoureuse, elle put être assez féconde pour pousser hors d'elle-même toutes les différentes espèces d'animaux, et qu'après cette première production qui dépendait de tant de rencontres heureuses et singulières, sa fécondité a bien pu se perdre et s'épuiser ; que, par exemple, on voit tous les jours quelques marais nouvellement desséchés, qui ont une tout autre force pour produire que cinquante ans après qu'ils ont été labourés[3].

Mais je prétends que quand la terre, selon ce qu'on suppose, a produit les animaux, elle a dû être dans le même état où elle est présentement. Il est certain que la terre n'a pu produire les animaux que quand elle a été en état de les nourrir ; ou du moins il est certain que ceux qui ont été la première tige des espèces n'ont été produits par la terre que dans un temps où ils ont pu aussi en être nourris. Or afin que la terre nourrisse les animaux, il faut qu'elle leur fournisse beaucoup d'herbes différentes ; il faut qu'elle leur fournisse des eaux douces qu'ils puissent boire ; il faut même que l'air ait un certain degré de fluidité et de chaleur et de pesanteur, pour convenir également à tous ces animaux, dont la vie a des rapports assez connus à toutes ces qualités.

Du moment que l'on me donne la terre couverte de toutes les espèces d'herbes nécessaires pour la subsistance des animaux, arrosée de fontaines et de rivières propres à étancher leur soif, environnée d'un air respirable pour eux, on me la donne dans l'état où nous la voyons ; car ces trois choses seulement en entraînent une infinité d'autres avec lesquelles elles ont des liaisons et des enchaînements. Un brin d'herbe ne peut croître qu'il ne soit de concert, pour ainsi dire, avec le reste de la nature. Il faut de certains sucs dans la terre, un certain mouvement dans ces sucs, ni trop fort, ni trop lent, un certain soleil pour imprimer ce mouvement, un certain milieu par où ce soleil agisse. Voyez combien de rapports, quoiqu'on ne les marque pas tous. L'air n'a pu avoir les qualités dont il contribue à la vie des animaux, qu'il n'ait eu à peu près en lui le même mélange et de matière subtile et de vapeurs grossières, et que ce qui cause sa pesanteur, qualité aussi nécessaire qu'aucune autre par rapport aux animaux, et nécessaire dans un certain degré, n'ait eu la même action. Il est clair que tout cela nous mènerait encore loin d'égalité en égalité ; surtout les fontaines et les rivières dont les animaux n'ont pu se passer, n'ayant certainement d'autre origine que les pluies, les animaux n'ont pu naître qu'après qu'il a tombé des pluies, c'est-à-dire un temps considérable après la formation de la terre, et par conséquent lorsqu'elle a été en état de consistance, et que ce chaos, à la faveur duquel on veut tirer les animaux du néant, a été entièrement fini.

Il est vrai que les marais nouvellement desséchés produisent plus que quelque temps après qu'ils l'ont été ; mais enfin ils produisent toujours un peu, et il suffirait que la terre en fît autant ; d'ailleurs le plus de fécondité qui est dans les marais nouvellement desséchés, vient d'une plus grande quantité de sels qu'ils avaient amassés par les pluies ou par le mouvement de l'air, et qu'ils avaient conservés, tandis qu'on ne les employait à rien ; mais la terre a toujours la même quantité de corpuscules ou d'atomes propres à former des animaux, et sa fécondité, loin de se perdre, ne doit aucunement diminuer. De quoi se forme un animal ? D'une infinité de corpuscules qui étaient épars dans les herbes qu'il a mangées, dans les eaux qu'il a bues, dans l'air qu'il a respiré ; c'est un composé dont les parties sont venues se rassembler de mille endroits différents de notre monde. Ces atomes circulent sans cesse, ils forment tantôt une plante, tantôt un animal, et après avoir formé l'un, ils ne sont pas moins propres à former l'autre. Ce ne sont donc pas des atomes d'une nature particulière qui produisent des animaux, ce n'est qu'une matière indifférente dont toutes choses se forment successivement, et dont il est très clair que la quantité ne diminue point, puisqu'elle fournit toujours également à tout. Les atomes, dont on prétend que la rencontre fortuite produisit au commencement du monde les premiers animaux, sont contenus dans cette même matière qui fait toutes les générations de notre monde ; car quand ces premiers animaux furent morts, les machines de leur corps se désassemblèrent et se résolurent en parcelles, qui se dispersèrent dans la terre, dans les eaux et dans l'air. Ainsi nous avons encore aujourd'hui ces atomes précieux, dont se durent former tant de machines surprenantes ; nous les avons en la même quantité, aussi propres que jamais à former de ces machines ; ils en forment encore tous les jours par la voie de la nourriture ; toutes choses sont dans le même cas que quand ils vinrent à en former par une rencontre fortuite, à quoi tient-il que par de pareilles rencontres ils n'en forment encore quelquefois ?

On dira peut-être qu'il y a des animaux qui naissent hors de la voie de la génération : les macreuses, les vers qui s'engendrent sur la viande, dans les fruits, etc. Mais la force de mon raisonnement ne demande point que tous les animaux de toutes les espèces ne naissent que par la voie de génération ; il suffit qu'il y en ait une espèce qui ne se perpétue que par cette voie, et qui par conséquent n'ait pu être produite par le mouvement aveugle de la matière. Nous sommes en bien meilleurs termes, et certainement un grand nombre d'espèces connues ne se perpétuent que par la génération ; et notre preuve en devient plus forte[4].

Il y a encore plus ; tous les animaux qui paraissent venir ou de pourriture ou de poussière humide et échauffée, ne viennent que de semences que l'on n'avait pas aperçues[5].

On a découvert que les macreuses se forment d'œufs que cette espèce d'oiseau fait dans les îles désertes du septentrion ; et jamais il ne s'engendra de vers sur la viande où les mouches n'ont pu laisser de leurs œufs. Il en va de même de tous les autres animaux que l'on croit qui naissent hors de la voie de génération. Toutes les expériences modernes conspirent à nous désabuser de cette ancienne erreur, et je me tiens sûr que dans peu de temps il n'en restera plus le moindre sujet de doute.

Mais en dût-il rester, y eût-il des animaux qui vinssent hors de la voie de génération, le raisonnement que j'ai fait n'en deviendrait que plus fort. Ou ces animaux ne naissent jamais que par cette voie de rencontre fortuite ou ils naissent et par cette voie et par celle de génération. S'ils naissent toujours par la voie de rencontre fortuite, pourquoi se trouve-t-il toujours dans la matière une disposition qui ne les fait naître que de la même manière dont ils sont nés au commencement du monde, et pourquoi, à l'égard de tous les autres animaux que l'on suppose qui soient nés d'abord de cette même manière-là, toutes les dispositions de la matière sont-elles si changées qu'ils ne naissent jamais que d'une manière différente ? S'ils naissent et par cette voie de rencontre fortuite et par celle de génération, pourquoi toutes les autres espèces d'animaux n'ont-elles pas retenu cette double manière de naître ? Pourquoi celle qui était la plus naturelle, la seule conforme à la première origine des animaux, s'est-elle perdue dans presque toutes les espèces ?

J'ai donné assez d'étendue à cette preuve, et peut-être que par là je lui aurai fait tort dans l'esprit de quelques personnes qui croient que la quantité de paroles est une marque de la faiblesse des raisons ; mais on les prie de considérer que ce raisonnement-ci n'est long que par les chicanes qu'il faut prévenir, et non par la difficulté des choses qu'il a besoin qu'on établisse[6].

Je n'ai pas voulu, de peur d'en interrompre le fil, y faire entrer une réflexion qui le fortifie encore beaucoup ; et j'aime mieux la donner ici détachée. Il n'eût pas suffi que la terre n'eût produit les animaux que quand elle était dans une certaine disposition où elle n'est plus ; elle eût dû aussi ne les produire que dans un état où ils eussent pu se nourrir de ce qu'elle leur offrait : elle eût dû, par exemple, ne produire le premier homme qu'à l'âge d'un an ou deux, où il eût pu satisfaire, quoique avec peine, à ses besoins, et se secourir lui-même. Dans la faiblesse où nous voyons un enfant nouveau-né, en vain on le mettrait au milieu de la prairie la mieux couverte d'herbes, auprès des meilleures eaux du monde, il est indubitable qu'il ne vivrait pas longtemps ; car notre supposition exclut la louve de Romulus et Rémus, elle n'aurait pu elle-même se sauver de la mort qui l'eût attendue à sa naissance. Mais comment les lois du mouvement produiraient-elles d'abord un enfant à l'âge d'un an ou deux ? Comment le produiraient-elles même dans l'état où il est présentement lorsqu'il vient au monde ? Nous voyons qu'elles n'amènent rien que par degrés, et qu'il n'y a point d'ouvrages de la nature qui, depuis les commencements les plus faibles et les plus éloignés, ne soient conduits lentement, par une infinité de changements tous nécessaires, jusqu'à leur dernière perfection. Il eût fallu que l'homme, qui eût dû être formé par le concours aveugle de quelques parties de la matière, eût commencé par cet atome, où la vie ne se remarque qu'au mouvement presque insensible d'un point ; et je ne crois pas qu'il y ait d'imagination assez fausse pour concevoir d'où cet atome vivant, jeté au hasard sur la terre, aura pu tirer du sang ou du chyle tout formé, la seule nourriture qui lui convienne, ni comment il aura pu croître, exposé à toutes les injures de l'air. Il y a là une difficulté qui deviendra toujours plus grande, plus elle sera approfondie, et plus ce sera un habile physicien qui l'approfondira. La rencontre fortuite des atomes n'a donc pu produire les animaux ; il a fallu que ces ouvrages soient partis de la main d'un Etre intelligent, c'est-à-dire de Dieu même. Les cieux et les astres sont des objets plus éclatants pour les yeux ; mais ils n'ont peut-être pas pour la raison des marques plus sûres de l'action de leur auteur. Les plus grands ouvrages ne sont pas toujours ceux qui parlent le plus de leur ouvrier. Que je voie une montagne aplanie, je ne sais si cela s'est fait par l'ordre d'un prince ou par un tremblement de terre, mais je serai assuré que c'est par l'ordre d'un prince, si je vois sur une petite colonne une inscription de deux lignes. Il me paraît que ce sont les animaux qui portent, pour ainsi dire, l'inscription la plus nette, et qui nous apprennent le mieux qu'il y a un Dieu auteur de l'univers[7].

LETTRE AU MARQUIS DE LA FARE,
DE LA RÉSURRECTION DES CORPS

Vous qui imaginez toujours mieux que personne, vous doutez aussi avec plus d'esprit que les autres gens[1]. Je suis charmé de votre embarras sur l'espace immense qu'il faudra un jour pour contenir ensemble tous les hommes qui n'ayant existé que successivement depuis la création, n'ont pas laissé d'occuper une grande partie de l'univers. De la taille dont vous êtes, comment ne craindre pas cette presse[2] ? Si chacun devait y tenir autant de volume que vous, je craindrais à mon tour de n'avoir pas mes coudées franches. En attendant, j'ai cru qu'après vous il siérait bien d'avoir aussi un embarras. Voici le mien.

Lorsqu'il plaira à l'Etre suprême de rendre à chaque esprit le corps qui l'aura autrefois animé, ainsi qu'il nous le promet dans ses Ecritures, comment faudra-t-il qu'il s'y prenne ? Nos corps ne sont composés aujourd'hui que des débris de ceux de nos pères ; les mêmes matériaux qui ont servi à former ceux qui ne sont plus, seront un jour employés à la composition de ceux qui ne sont pas encore. Le Seigneur a créé pour toujours une certaine quantité de matière qui n'est ni augmentée ni diminuée, à laquelle il ne sera rien ajouté, et sur laquelle le néant n'a plus aucun droit. Cette matière a été divisée en éléments ; ces éléments circulent pour ainsi dire, et vont de la composition d'un cheval à celle d'un homme, et de celle d'un homme à celle d'un arbre, et ainsi des autres. C'est précisément la jonction de ces éléments qui fait un corps ; la manière dont ils sont joints, fait la différence d'un corps avec un autre, et les proportions ou l'équilibre plus ou moins observés dans chaque composition, décident uniquement de sa durée.

Ces éléments quoiqu'ils soient faits pour concourir ensemble en tout et partout, vont pourtant à s'entre-détruire. Celui d'entre eux qui domine dans un corps sème bientôt la division parmi les autres, et les force enfin à une séparation dont il n'y a que ce qu'on appelle la forme qui est la victime ; car la matière, c'est-à-dire les éléments sont bientôt déterminés à se rejoindre quoique différemment de ce qu'ils étaient ; comme ils s'entre-détruisent, ils s'entre-déterminent aussi. Voilà l'économie des destructions et productions qui se font à chaque instant, que le vulgaire ignorant prend pour anéantissement et création.

Or, comment fera le Seigneur pour rendre contemporains tant d'hommes qui n'ont eu chacun un corps que parce qu'ils semblent avoir pris leur temps et leurs mesures pour se le céder les uns aux autres ? Certainement il n'en créera pas de nouveaux. Cela établi, je n'y sais qu'un expédient, et cet expédient, monsieur, va nous tirer d'embarras, vous et moi.

Si nous ressuscitons tous un jour, il est constant que nos corps ne seront plus sujets aux nécessités de cette vie, et ne se ressentiront plus de l'intempérance des climats et des saisons ; insensibles donc au froid et au chaud, nous n'aurons plus besoin ni des eaux pour nous rafraîchir et nous humecter, ni du soleil pour nous échauffer et purifier ; exempts que nous serons de la nécessité de manger, la terre, cette mère libérale et commune va nous devenir inutile. Les collines, retraites de la plupart des animaux faits pour l'usage de l'homme mortel, les montagnes, ces dépositaires avares des trésors que la cupidité nous rend nécessaires, tout cela va aussi être de trop parmi des immortels désintéressés. Les cieux et leurs luminaires n'auront plus d'heures à nous marquer et n'auront plus que faire de leur lumière inégale dans un temps où l'auteur du jour daignera lui-même nous éclairer, en sorte que, vu l'inutilité de toutes ces choses et autres contenues dans l'espace il faudra qu'elles cessent d'être ce qu'elles sont. L'ordre et l'harmonie de l'univers seront renversés et confondus ; tout généralement deviendra un tas de matière, une masse informe, un chaos et une confusion, ainsi que le tout était au premier jour de la création.

Ne croyez-vous pas, monsieur, que le Créateur trouvera dans tous ces matériaux de quoi faire autant d'hommes qu'il lui en faudra ; et l'espace, dont vous étiez en peine, s'y trouvera aussi de reste, puisqu'alors même il n'y aura dans le monde que ce qui y est contenu à l'heure où nous parlons ; le nombre des hommes y sera infiniment plus grand à la vérité, mais aussi plus de forêts, plus de bâtiments, plus de montagnes, plus de rochers, etc. Comme la matière ne composera plus que des hommes, l'espace n'aura plus aussi que des hommes à contenir ; que si, malgré toutes ces sages précautions, la matière venait alors à manquer, l'habile ouvrier en serait quitte pour faire les corps plus à l'épargne que les nôtres. En cas de besoin, vous avez de quoi fournir à quatre. A vous parler même confidemment, je ne désespère pas de vous voir là une taille aussi fine que celle que vous aviez autrefois : là, M. le duc de Roquelaure aura un nez[3] et M. le duc d'Estrées[4] n'en aura qu'un ; et si les esprits d'un certain ordre sont alors aussi rares qu'ils le sont de nos jours, et qu'il en faille pourtant, je vous en connais pour vos voisins — cela dit sans vous alarmer. Je ne sais encore si les dames conserveront leur sexe dans ce bouleversement universel, ou s'il n'y aura que celles qui ont bien vécu auxquelles sera accordée la forme d'un homme. Je m'informerai de leur sort au premier long entretien que j'aurai avec mon génie, mais si ce qu'il m'en apprendra n'est pas à leur avantage, ne vous attendez pas, monsieur, qu'il m'arrive jamais de vous en faire part.

FRAGMENTS DE CE QUE M. DE FONTENELLE APPELAIT SA RÉPUBLIQUE

I

On ne pourra parvenir aux charges, à moins que d'avoir un certain bien ; deux mille écus de rente, par exemple. Quand on sera parvenu à une charge, le bien ira à ceux qui devront hériter, de la même manière que si on était mort, et on ne subsistera plus que d'une pension du public. Si on a des enfants mineurs, ils seront à l'égard de leur bien, sous la tutelle du plus proche parent. Une certaine partie du bien du magistrat sera inaliénable pendant sa vie, afin d'être conservée aux enfants qu'il pourra avoir depuis son entrée dans les charges.

II

Un homme qui offrira de cultiver les terres d'un autre mieux qu'il ne les cultive, y sera reçu, en payant au propriétaire le revenu qu'elles lui produisaient. Au bout de trois ans le propriétaire les reprendra, s'il veut ; et s'il ne les fait pas assez bien valoir, on pourra encore après trois ans, faire cette sorte d'enchère sur lui.

III

Il n'y aura que ceux dont le bien dépassera deux mille écus de rente, qui payeront de certaines taxes, proportionnées à ce qu'ils auront par-delà les deux mille écus ; et ces taxes seront les seuls subsides de l'Etat[1].

IV

Le fils d'un magistrat ne le pourra jamais être.

V

Il n'y aura ni nobles ni roturiers.

Tous les métiers seront également honorables, et on en pourra également tirer les magistrats, du moment qu'on y aura gagné le bien prescrit[2].

VI

Il n'y aura que trois ordres de magistrats.

Les premiers et les plus bas jugeront sans appel tous les procès civils des particuliers, et régleront la police.

Les seconds jugeront les jugements des premiers sur les procès. Car chaque jugement rendu sera imprimé avec les raisons des parties et les avis raisonnés de tous les juges. Ce jugement ne sera jamais cassé, mais les juges que l'on trouvera avoir été d'un mauvais avis un certain nombre de fois, seront cassés[3]. Ils ne rentreront point dans leurs biens, mais auront une petite pension du public.

Ces seconds magistrats reverront tous les procès où il y

aura peine de mort, et le jugement des premiers ne s'exécutera point qu'ils ne l'aient confirmé.

Ils ordonneront des édifices publics, des fêtes, des spectacles, etc.

Les derniers magistrats ne seront que trois, et en leurs personnes résidera la souveraineté. Ils s'appelleront les trois ministres de l'Etat. Les choses passeront entre eux à la pluralité des voix. Ils pourront déposer ceux du second ordre. Ils disposeront de la paix et de la guerre. A soixante-dix ans ils n'auront plus de fonction, et seront déposés[4].

VII

Chaque ville aura ses magistrats du premier ordre ; ils seront élus à la pluralité des voix de tous les pères de famille, non dans une assemblée, mais par des billets qu'on ira prendre dans toutes les maisons[5].

Quand il faudra élire un magistrat du second ordre, ou conseiller d'Etat, les trois ministres le choisiront sur un nombre composé de tous les quatre plus anciens des juges de chaque ville.

Et pour l'élection d'un ministre, les villes enverront chacune un député, et tous ces députés choisiront le ministre dans le corps des conseillers d'Etat.

VIII

Tous les citoyens seront soldats, et obligés d'aller à la guerre.

Il y aura des temps réglés pour les exercer tous, de sorte que l'on s'en pourrait servir en cas de besoin ; mais il y aura outre cela une armée toujours sur pied, composée de soldats qui le seront toujours[6].

Les trois ministres distribueront toutes les charges de l'armée, selon l'ancienneté des soldats, ou leurs belles actions.

Les troupes ne seront payées que par des trésoriers que les ministres enverront.

Les généraux auront passé indispensablement par tous les degrés. Ils seront perpétuels[7].

Leurs enfants ne pourront jamais passer le degré de capitaine, ni ceux des ministres non plus[8].

IX

Un homme qui aura fait une mauvaise action, sera incapable de toutes charges, et perdra celles qu'il avait, à moins qu'il ne trouve moyen de rendre quelque service signalé à l'Etat.

Une mauvaise action, c'est d'avoir fait une perfidie insigne à quelqu'un ; d'avoir manqué à sa parole sur une chose importante ; désavoué un dépôt, etc.[9]

Même s'il lui arrive trois affaires où, quoiqu'il ne puisse pas être convaincu, les apparences soient bien fortes contre lui, cela passera pour une mauvaise action.

X

On érigera des statues aux grands hommes, en quelque espèce que ce soit, même aux belles femmes. On pourra même, pour une plus grande ressemblance, conserver toutes leurs figures en cire dans un palais magnifique fait exprès.

On ferait le procès à ces statues ou figures pour les choses qui ne mériteraient pas d'attirer des peines corporelles aux personnes, et ce serait un grand déshonneur[10].

XI

Les filles n'auront rien en mariage[11].

Si un jeune homme a fait une belle action de quelque espèce que ce soit, il sera en droit de choisir telle fille qu'il voudra dans sa ville ; elle ne sera pas obligée de l'épouser, mais elle n'en pourra épouser d'autre pendant l'année entière, à moins qu'il n'y consente, ou qu'un autre qui aura fait une plus belle action, ne prétende à elle.

Les femmes pourront répudier leur mari, sans en pouvoir être répudiées ; mais elles seront un an après sans se pouvoir remarier[12].

XII

Donner souvent des spectacles au peuple, opéra, comédies et quelques-uns aussi d'une espèce nouvelle, comme de représenter au vrai et sur des mémoires que des savants donneraient, un triomphe de Romains, un sacrifice, etc. Représenter aussi au vrai les choses les plus pompeuses ou les plus extraordinaires des pays étrangers, la fête d'*Ali* des Perses, le Mogol se faisant peser, etc.[13]

Faire remarquer en même temps au peuple le ridicule de tout ce qui serait opposé à ses mœurs et à son gouvernement.

XIII

Point d'orateurs dans tout l'Etat que de certains orateurs entretenus par le public, et destinés à entretenir de temps en temps le peuple de la bonté de son gouvernement, à lui expliquer les raisons de toutes les lois, à lui en faire voir la nécessité, à faire l'éloge des grands hommes après leur mort, mais tout cela sans cette chaleur immodérée et ces excès ordinaires à nos orateurs[14].

XIV

Les particuliers plaideraient eux-mêmes leurs causes, ou les feraient plaider, mais très simplement, par quelques-uns de leurs amis.

Il n'y aura qu'un très petit nombre de lois pour les biens que tous les frères partageront également, par exemple, etc. Le reste sera jugé *ex aequo et bono*.

AUTRE FRAGMENT

I

Le magistrat du premier et plus bas ordre ne pourra acquérir qu'en ne recevant point sa pension annuelle tout entière, et constituant sur l'Etat la partie qu'il ne recevra point.

Le magistrat du second ordre ne le pourra faire. Plus le magistrat s'élève en dignité, plus il doit diminuer en richesses, et en moyens d'acquérir.

II

Appel du criminel, non du civil. Un jugement civil ne sera point cassé, mais les juges punis. Si le jugement est déclaré injuste, les premiers juges qui auront été du mauvais avis, payeront une somme à la partie complaignante, qui réciproquement leur payera autant, si elle perd.

A la fin de l'année on verra dans les jugements dont il y

aura eu plainte, quels juges auront été le plus souvent du mauvais avis. Selon le plus ou le moins de fois qu'ils auront manqué, on les dégradera ou suspendra. Il y aura des jugements qu'on ne déclarera pas tout à fait injustes, mais seulement blâmables.

III

Les nominations d'un corps, comme de la robe ou de l'épée, se feront dans ce corps, jusqu'à un certain point au-delà duquel elles passeront à un autre corps, parce qu'à ce point-là on se pourra régler sur la réputation ; au-dessous on ne le pourrait pas. Les gens de robe nommeront les hauts officiers des troupes. Les troupes nommeront les hauts officiers de la robe[15].

IV

Corps de négociateurs. On les fera voyager jeunes. Puis de petites ambassades, puis de plus grandes. Après quoi ils seront du conseil des Affaires étrangères. Ils perdront leurs biens ou partie en entrant dans les grandes ambassades.

V

Conseil souverain de trois, Epée, Robe, Négociateurs. Immédiatement au-dessous, conseils qui examineront et rédigeront toutes sortes d'affaires pour les rapporter au souverain. Finances, guerre, marine, affaires étrangères, commerce, arts, lois.

COMMENTAIRES ET NOTES

DESCRIPTION DE L'EMPIRE DE LA POÉSIE

COMMENTAIRE

Jean Donneau de Visé et Thomas Corneille dirigeaient le *Mercure galant*, qui fut la première gazette française adressée à un large public. Une livraison chaque mois, présentée comme une lettre à une dame — ce qui suppose un certain féminisme et un ton de bel esprit, galant, mondain, parfois précieux. On est très loin du classicisme de Racine, de Bossuet, de Boileau, de La Bruyère, et La Bruyère jugera le « H...[ermès] G...[alant] immédiatement en-dessous de rien ».

Quand Fontenelle aura à évoquer la querelle des Anciens et des Modernes, il y verra d'abord le conflit de deux camps, celui de Versailles, groupé autour de Bossuet et bientôt de Mme de Maintenon, et celui de Paris, qui se retrouvait dans les salons des financiers et chez « les femmes savantes ». La polémique avait éclaté depuis longtemps. Mme de Montespan avait groupé les poètes de la cour dans la « cabale du sublime » ; en 1674, Le Clerc et Racine s'étaient disputé le sujet d'*Iphigénie* et Racine en avait profité pour insulter Perrault ; en 1677, Pradon et Racine avaient fait jouer deux *Phèdre*, d'où nouvelles manœuvres et nouveaux libelles.

Il ne s'agissait pas seulement de l'imitation des anciens, recommandée par les uns, condamnée par les autres. Deux conceptions de la beauté — le sublime et la grâce — s'opposaient, et bientôt deux conceptions de la morale — jansénisme versaillais, épicurisme ou scepticisme parisien — voire de la politique. Pierre Corneille avait affirmé, quarante ans plus tôt, que « les Anciens n'ont pas tout su ». Il était donc naturel que son frère, Thomas, et son neveu, Fontenelle, se retrouvassent dans le camp des Modernes, et la gazette même où ils écrivaient, avec son féminisme et ses grâces nonchalantes, incarnait leur esthétique et leur éthique.

C'est donc un ouvrage de polémique que cette *Description de l'Empire de la Poésie*. Elle rappelle la *Carte de Tendre* de Madeleine de Scudéry, et était accompagnée d'une carte. Elle signifie donc par sa forme même un hommage à la grande littérature précieuse, dont Boileau et les siens s'étaient tant moqués. La métaphore géographique est filée tout au long du texte et lui donne un certain charme. Les idées sont plus raides : la grande poésie est guindée et artificielle ; l'épopée est ennuyeuse, alors que le roman peut distraire et égayer ; la tragédie est un genre difficile ; les poètes actuels — et Racine le premier — ne peuvent atteindre à la noblesse des pièces de Corneille ; tout au plus sont-ils capables de les piller. Le burlesque est fort vulgaire et la comédie n'échappe pas toujours à cette vulgarité. La fausseté règne dans l'élégie (qu'a illustrée Mme de La Suze). Il faut fuir le sublime, qui, dira Fontenelle dans la préface de l'*Histoire des Oracles* est « si peu naturel », les « pensées basses », les rêveries creuses, et la badinerie, qui sent l'application. La versification peut faire divaguer — ainsi dans le virelai, la ballade et le chant-royal. Le galimatias est évidemment à éviter. L'imitation est stérile. La satire (de Boileau) est amère.

Que reste-t-il après tant d'anathèmes ? Le bon sens, qui se garde à la fois des artifices du sublime et des bassesses du burlesque ; les pensées naturelles, qui ne sentent jamais la pose ni la contrainte ; à la rigueur, les bagatelles si légères et si distrayantes. En tout cas, la raison doit toujours être préférée à la rime.

On croit parfois retrouver un écho de l'*Art Poétique*. Boileau invoquait aussi la nature et la raison. Mais ces grands termes — si impressionnants et si souvent répétés — peuvent prendre différentes significations. Le naturel de Fontenelle aurait semblé à Boileau fort précieux, et le sublime de Longin et de Boileau est jugé par Fontenelle échevelé ou follement prétentieux. Ce que l'auteur de la *Description de l'Empire de la Poésie* nous propose, n'est, en fait, pas très éloigné des conceptions que Madeleine de Scudéry avançait dans *Clélie* : la poésie moderne peut être sentimentale (en évitant les excès de l'élégie), elle peut être plaisante ; elle doit mépriser la virtuosité de la versification, tout ce qui est trop brillant ou trop bas, paraître l'expression spontanée « égale et fort droite » du cœur et surtout de l'esprit.

Au même moment, dans la même gazette, Fontenelle publiait d'étranges poèmes : la *Déclaration d'amour du Ruisseau à la Prairie*, et la *Réponse de la Prairie*, l'*Eloge de Marquès, petit chien aragonais*. Racine et Boileau eussent vite fait de voir là des « badineries absurdes ». Fontenelle leur aurait répondu que ce n'étaient que des « bagatelles », où d'ailleurs, une fois admise la fiction initiale, il n'avait cherché que le naturel dans les sentiments et dans l'expression. Ce même naturel, il pensa l'atteindre dans ses *Pastorales*, que les Anciens de 1690 et les Néo-Anciens de 1730 (Voltaire et Rémond de Saint-Mard) jugèrent glacées, car l'esprit, chez le poète, leur semblait de loin l'emporter sur la tendresse. On sait que les comédies de Marivaux suscitèrent les mêmes polémiques. Tout (ou presque tout) est dans la nature, auraient dit Racine et bientôt Voltaire : les fureurs de Médée, comme les sottises d'Orgon ; il suffit de les exprimer fidèlement. Alors que

Fontenelle et ses disciples supposent d'abord un homme idéal, équilibré, courtois, réfléchi, capable de badinage — et ne demandent à la littérature que de refléter élégamment ces qualités fondamentales.

NOTES

1. L'épopée était en France tombée en désuétude depuis 1660. Ni l'*Alaric* de Georges de Scudéry, ni le *Clovis* de Desmarets de Saint-Sorlin, ni surtout la *Pucelle* de Chapelain n'avaient réussi.
2. Pointe évidente contre Racine, si souvent regardé par ses adversaires comme un plagiaire de Corneille.
3. Le burlesque, après sa vogue dans les années 1645-1655, était universellement méprisé.
4. Fontenelle ne semble guère priser la farce plus que ne le faisait Boileau.
5. Fontenelle en veut certainement à l'illustre Mme de La Suze, qui devait sa gloire à ses « plaintives élégies ».
6. Il y eut, au XVIIᵉ siècle, toute une « querelle du sublime », Boileau y voyant la forme littéraire la plus haute.
7. Fontenelle en veut peut-être aux poètes de salon, sûrement pas à Voiture, qu'il juge un « prodige d'esprit ».
8. Nouvelle pointe contre les adeptes de l'antiquité, et surtout Boileau et Racine.
9. Dans le *Mercure galant*, le texte était accompagné d'une carte, à la manière de la *Carte de Tendre*.

LETTRE SUR « LA PRINCESSE DE CLÈVES »

COMMENTAIRE

Jean Donneau de Visé organisa dans le *Mercure galant* une campagne pour lancer le roman de Mme de Lafayette. On demandait aux lecteurs de juger si l'aveu de la princesse à son mari était admirable ou absurde. Maintes lettres parurent donc dans la gazette, et Fontenelle en fit une en se travestissant en « géomètre de Guyenne ». Cela lui permettait aussi de proposer une critique « géométrique », au moins cartésienne, indifférente donc à ce qu'on pouvait dire de bien ou de mal du livre.

L'impression générale est favorable. Le plan d'ensemble (la passion et la vertu de Mme de Clèves) est « fort beau » ; la peinture psychologique est bien faite, en particulier l'essor de l'amour dans « une si belle âme », et au fond « tous les sentiments de M. de Nemours et de Mme de Clèves » ; l'aveu est une trouvaille admirable, mais il serait préférable que M. de Nemours ne l'écoute pas ; « cela sent un peu les traits de *L'Astrée* ». La dernière partie — ce qui suit la mort de M. de Clèves — est dans l'ensemble « très juste ».

Quelques réserves assez importantes : on pourrait supprimer les épisodes, on pourrait alléger tout ce qui est historique — le tableau de la cour de Henri II, les mémoires de la cour de François 1er et de celle d'Henri VIII. Il y a quelques invraisemblances : la présence de M. de Nemours près du pavillon de Coulommiers, au moment de l'aveu, la naïveté avec laquelle il montre à M. de Clèves qu'il veut « voir sa femme », et l'entrée « un peu triomphante » qu'il fait chez elle « en sautant les palissades ».

Si l'on groupe, si l'on suit toutes les remarques de Fontenelle, on aboutit à un nouveau genre : la nouvelle sentimentale et psychologique, dépouillée de tout épisode, située à la rigueur dans un cadre historique, mais évitant toute insistance superflue sur ce cadre. Le critique nous propose une purification de la fiction narrative : plus rien n'y restera du grand roman baroque ou précieux ; on ne demandera à l'action que d'être vraisemblable, aux sentiments que d'être finement observés et touchants. Avec l'aide de Fontenelle, Catherine Bernard écrira trois nouvelles galantes — *Eléonor d'Ivrée, Le Comte d'Amboise, Inès de Cordoue,* qui incarneront exactement ce nouveau genre. En suivant la piste, on rencontrerait les *Chroniques italiennes* de Stendhal, les nouvelles de Mérimée, bref tous ces récits qui peignent avec finesse une crise sentimentale et recourent pour l'orner à l'histoire, sans se laisser accaparer par des détails ou une oiseuse érudition.

NOTES

1. Introduction un peu longue pour définir une critique aussi impartiale, aussi cartésienne que possible.
2. Il faut éviter la « prévention » et la « précipitation ».
3. Il s'agit d'un épisode du roman : l'histoire de Sancerre et de Mme de Tournon. M. de Clèves en est le narrateur, et il interrompt ainsi fort longuement l'action principale.
4. On peut compter quatre épisodes : l'histoire de Mme de Valentinois, celle de Mme de Tournon, celle d'Anne Boleyn, celle du vidame de Chartres.
5. On sent quelque embarras dans cette justification du tableau de la cour, qui ouvre le roman.
6. Mme de Clèves, par une sorte de complaisance pour M. de Nemours, refuse d'aller au bal que donne le maréchal de Saint-

André : c'est ainsi que Mme de Chartres devine la passion de sa fille pour M. de Nemours.

7. C'est le sujet principal que devait aborder « le géomètre de Guyenne » car Donneau de Visé voulait d'abord connaître l'avis de ses lecteurs sur cette scène.

8. Comme beaucoup de ses contemporains — ainsi La Fontaine — Fontenelle admire *L'Astrée*, mais il en voit bien le romanesque parfois outré.

9. M. de Nemours n'est pas absolument indiscret : il se confie, mais de façon générale et sans nommer Mme de Clèves.

10. Ironie évidente, assez facile.

11. On peut discuter cette remarque : Mme de Lafayette avait déjà peint dans *Zaïde* la jalousie morbide, et pour ainsi dire paranoïaque, d'Alphonse.

12. Peut-être Fontenelle juge-t-il un peu romanesque ces rencontres fortuites que Mme de Clèves fait de M. de Nemours qui séjourne dans une maison voisine de la sienne sous prétexte de peindre les demeures et les jardins, et qui, un jour, la croise, sans même s'en apercevoir, dans un parc où elle est allée promener.

DIGRESSION SUR LES ANCIENS ET LES MODERNES

COMMENTAIRE

Avec les poésies pastorales, inspirées par Mme de La Mésangère, la jeune veuve (nouvelle convertie), chez qui Fontenelle passait la belle saison dans le parc des *Entretiens sur la Pluralité des mondes*, parurent en janvier 1688 un *Discours sur la nature de l'églogue* et une *Digression sur les Anciens et les Modernes*. Ces deux traités furent certainement écrits à la fin de l'année 1687; car le *Mercure Galant*, qui annonce en août 1687 la prochaine publication des *Pastorales*, ne les mentionne pas : c'étaient des *Héroïdes* qui devaient compléter le volume.

Le *Discours* et la *Digression* s'inscrivent évidemment dans le cadre de « la querelle » suscitée par Perrault avec son poème sur *Le Siècle de Louis-le-grand*. Durant toute l'année 1687, les coups furent échangés : Boileau se contentait d'épigrammes, Racine de bons mots ; ils disaient des « injures », comme le note Perrault, alors que les Modernes donnaient des « raisons ».

La *Digression* se présente, en effet, comme un essai mûrement réfléchi et de ton assez modéré. Le raisonnement est simple : si la nature ne s'est pas épuisée depuis l'Antiquité, si les arbres et donc les cerveaux

sont aussi forts maintenant que du temps d'Auguste, les modernes
doivent immanquablement surpasser les anciens. La diversité des climats, plus ou moins favorables à l'activité intellectuelle, n'a que peu
d'importance, car les hommes se forment « facilement les uns sur les
autres » et « ne conservent pas l'esprit original qu'ils tireraient de leur
climat ». Pourquoi donc les modernes « enchériront-ils » fatalement sur
les anciens ? Parce qu'ayant les mêmes dons qu'eux, ils profitent de
leurs travaux, de leurs découvertes, et même de leurs erreurs. Ce théo-
rème peut être nuancé : en littérature, il n'est pas trop difficile
d'atteindre « toute la perfection dont elle est capable » ; les anciens
pourront donc y paraître des modèles, surtout dans le domaine de
l'éloquence, car leur gouvernement encourageait et glorifiait les orateurs ; il n'en doit pas moins être permis à tous de juger sans prévention Homère, Virgile et Pindare, et de dire qu'ils ont pu parfois s'éga-
rer ; il est vrai aussi que certaines circonstances historiques — des
préjugés absurdes, des invasions de barbares, de longues guerres —
étouffent les talents et peuvent faire régresser le genre humain. Il est
vrai enfin que le progrès doit être indéfini, qu'un jour nous paraîtrons
aussi « anciens » que les Grecs et les Romains, que les commentateurs
alors s'acharneront à découvrir des beautés inconnues dans nos
œuvres, que vraisemblablement ils préféreront Molière à Aristophane,
Corneille à Sophocle, et loueront les genres nouveaux qu'a produits
notre siècle, « lettres galantes », contes, opéras.

Evitant toute allure trop polémique, l'essai de Fontenelle prétend
en quelques pages, par un simple raisonnement de physique, résoudre
toutes les contestations et clore la querelle. L'écrivain s'est souvenu des
arguments avancés par Perrault dans son *Siècle de Louis-le-grand*, par le
P. Bouhours dans les *Entretiens d'Ariste et d'Eugène*, de la satire des
commentateurs à laquelle s'abandonnait Malebranche dans la
Recherche de la Vérité. Ces emprunts ne doivent pas dissimuler l'essentiel, qui est un peu l'essentiel de toute l'œuvre de Fontenelle : un appel
à la lucidité, le mépris des discours où l'on accumule « de grands tours
d'éloquence », où l'on oppose « des traits d'histoire » à « d'autres traits
d'histoire ». Rhétorique et pédantisme étant également condamnés,
reste la physique, et, si l'on abdique toute prévention, il ne sera pas
trop difficile de parvenir à la vérité. C'est tout Fontenelle, que cet
acharnement discret, parfois impatient, souvent mélancolique, à
convier les lecteurs à voir les choses en face et à ne pas s'aventurer en
chemin, à renoncer enfin aux vaines diatribes que l'amour-propre et
l'esprit de parti suscitent et renouvellent indéfiniment.

NOTES

1. Début brillant : c'est très précisément ce qu'on appelle un « paradoxe ».
2. Malgré les apparences, Fontenelle ne propose pas ici une psychologie matérialiste ; le P. Bouhours, dans les *Entretiens d'Ariste et d'Eugène*, p. 207, ne disait rien d'autre : « D'où viennent ces qualités qui font le bel esprit ? Elles viennent [...] d'un tempérament heureux, et d'une certaine disposition des organes [...] une tête bien faite et bien proportionnée [...] un cerveau bien tempéré, et rempli d'une substance délicate [...] une bile ardente et lumineuse ».
3. Fontenelle reprend ici une idée qu'il avait avancée dans les *Entretiens sur la pluralité des mondes* : les Lapons et les Africains sont peu disposés, vu les climats où ils vivent, à produire des chefs d'œuvre.
4. Nous avons là, pour ainsi dire, la devise de Fontenelle, celle qui explique toute sa carrière et tous ses ouvrages.
5. Cet épisode du siège de Syracuse (213-212 av. Jésus-Christ) est célèbre ; l'auteur de *Sur l'Histoire* et de *De l'Origine des Fables* paraît assez sceptique.
6. On pense au fameux passage du premier *soir* des *Entretiens sur la pluralité des mondes*. où les philosophes de l'Antiquité, assis à l'opéra, avancent diverses explications, plus saugrenues l'une que l'autre, du vol de Phaéton.
7. Malgré tout, Fontenelle se déclare tributaire de Descartes.
8. On voit le sens et les limites du cartésianisme de Fontenelle : la méthode de l'auteur des *Méditations* est admirable et féconde ; sa physique n'est pas irréprochable ; sa métaphysique fort douteuse.
9. Argument assez banal ; Longepierre, l'un des adversaires de Fontenelle, l'avait utilisé dans son *Discours sur les Anciens*, p. 75, et, avant lui, Saint-Réal dans *Sur l'étude et les sciences* (*Œuvres*, t. II, p. 176-177), le P. Bouhours dans *Les Entretiens d'Ariste et d'Eugène*, p. 227, et le P. Rapin, dans les *Réflexions sur l'usage de l'éloquence de ce temps en général* (*Œuvres*, t. II, p. 3).
10. Sénèque, dont Racine s'était tellement inspiré, paraît bien méprisé.
11. Jugements un peu simples : Fontenelle paraît à son tour dupe de son système.
12. Fontenelle s'est souvenu de Virgile dans les *Entretiens sur la pluralité des mondes* et surtout dans les *Pastorales*.
13. On retrouve le scepticisme désabusé et « aristocratique » des *Dialogues des Morts*.

14. Rien de très original dans ces conceptions, que Longepierre et le P. Bouhours entre autres avaient déjà développées. Fontenelle se souvient ici du *Confucius sinarum Philosophus sive scientia sinensis latine exposita*, auquel il fait allusion dans le *sixième soir* des *Entretiens sur la pluralité des mondes*.

15. Tout le monde (on peut encore renvoyer à Longepierre et au P. Bouhours) admettait l'obscurantisme barbare du Moyen Age et la salubre redécouverte de l'Antiquité au XVᵉ siècle.

16. On sait que Pascal, dans le *Traité du Vide*, compare déjà l'humanité tout entière à un seul homme, qui ne cesse d'apprendre et de se perfectionner.

17. Dans cette critique fort irrévérencieuse d'Homère, Fontenelle annonce l'*Iliade* de La Motte et la querelle de La Motte et de Mme Dacier.

18. Sont ici énumérées deux tragédies de Pierre Corneille, *Cinna* et *Horace*, une de Thomas Corneille (désormais oubliée) *Ariane* (1672), une comédie de Molière, *Le Misanthrope*, puis les deux grands romans baroques, *L'Astrée* d'Honoré d'Urfé et *Le Grand Cyrus* de Madeleine de Scudéry, et deux romans de Mme de Lafayette, *Zaïde* et *La Princesse de Clèves*. La polémique est implicite : Racine est oublié dans la galerie des grands dramaturges, et on sait comme Boileau s'était moqué de Madeleine de Scudéry.

19. Dans ces genres méprisés par Boileau, Fontenelle s'était illustré en produisant les *Lettres du Chevalier d'Her...*, et, en collaboration avec son oncle Thomas Corneille, les opéras de *Psyché* et de *Bellérophon* (1678 et 1679). Il ne peut penser ici aux contes de Perrault, qui parurent plus tard ; mieux vaut songer aux contes de La Fontaine.

20. Cette prophétie était déjà à demi réalisée, Bossuet, Boileau, les jansénistes et le gros du camp des Anciens se réclamant plus ou moins franchement de Descartes.

21. Dans cet essai, destiné à présenter ses *Pastorales*, il a critiqué Virgile, Bion, Moschus, et surtout Théocrite, qui lui a paru excessivement vulgaire.

PARALLÈLE DE CORNEILLE ET DE RACINE

COMMENTAIRE

Sur une feuille volante parut en 1693 ce *parallèle* anonyme, que Fontenelle reconnut bientôt. Il s'agissait de répondre au *parallèle,* que le poète Longepierre — l'ennemi de Fontenelle et son vieux rival en églogue — avait donné en 1687, et aussi au *parallèle* que La Bruyère avait inséré dans les *Caractères*, et avait allusivement repris dans son discours de réception à l'Académie française. La forme est mathématique, comme il convient : onze théorèmes se succèdent. Seul le dixième laisse l'avantage à Racine ; pour le reste, l'auteur d'*Andromaque* est systématiquement rabaissé en face de son rival. Fontenelle n'a pas dû se donner grand mal pour cet opuscule : on y retrouve les lieux communs de la critique dramatique du XVIIᵉ et du XVIIIᵉ siècle : Corneille a fondé le théâtre français ; il a concilié dans la psychologie et la morale le vrai et l'exceptionnel, il élève ses spectateurs ; son domaine est la grandeur ; il a su représenter fidèlement des siècles et des nations fort éloignés de nous ; il s'est renouvelé d'une œuvre à l'autre ; il est demeuré inimitable. Le critique n'a même pas évité les redites, puisque les théorèmes I et II se répètent à peu près, ainsi que les théorèmes III et IV, et V et VI.

Ce texte émane évidemment de la querelle des Anciens — Racine et ses admirateurs — et des Modernes — disciples, parents parfois, de Corneille. Le plus intéressant est peut-être de nous conduire à une certaine idée du théâtre. La tragédie sera vraie (dans la peinture des caractères et des peuples), édifiante (par la représentation de la vertu) et variée, puisque tendresse et grandeur doivent s'y retrouver. Autant dire que ce que nous appelons le tragique — la fatalité politique, passionnelle ou sacrée — ne paraît avoir aucune importance, et qu'au fond la belle tragédie, bien versifiée, dont rêvent Fontenelle et ses contemporains, ne diffère pas sensiblement de la haute comédie. C'est ce que dira Voltaire, qui voudra revenir, par-delà ces finesses élégantes et vraisemblables, à Eschyle et surtout à Sophocle.

NOTES

1. Comprendre que la tragédie avec Racine s'est déchue de sa perfection. Opinion un peu excessive, voire paradoxale.
2. Malveillance perfide : le théâtre dit « réaliste » se fonde sur les bassesses des spectateurs, qui sont heureux de se retrouver, pour ainsi dire, sur la scène.
3. Racine a pourtant visé la grandeur et le ton « cornélien » dans certains passages de *Britannicus*, et surtout dans *Mithridate*.
4. Corneille et ses admirateurs (en particulier Saint-Evremond) avaient déjà affirmé que toutes les tragédies de Racine — et même *Bajazet* — représentent des gentilshommes de Paris ou de Versailles.

SUR LA POÉSIE, EN GÉNÉRAL

COMMENTAIRE

Ce petit traité fut écrit, de l'aveu même de Fontenelle, pour répondre aux adversaires de La Motte, qui le jugeaient plus philosophe que poète. Mais la question est prise de haut, et le philosophe en vient à une théorie générale de la poésie, dont il explique la substance, l'origine et l'avenir.

Les vers eurent deux sources : les lois, qui se marquent ainsi plus profondément dans la mémoire, et le chant, qui, né sans doute à l'imitation des oiseaux, exigea peu à peu des rythmes mesurés et des paroles.

Quels agréments y trouvons-nous ? Une sorte d'harmonie, et le plaisir de la « difficulté vaincue », car les gênes de la versification n'empêchent pas le poète de dire ce qu'il veut dire. Il convient donc que ces contraintes soient assez rudes, et ce serait une erreur de « se relâcher de la rime ».

La poésie est forcément habitée par le merveilleux. Il peut résider dans les « images fabuleuses », soit les innombrables fleurs de la mythologie. Ou dans les « images réelles », qui ne sont qu'une peinture frappante de la réalité. Ou même dans les images « spirituelles », qui résident dans des raccourcis expressifs. La mythologie est usée ; les images réelles lui sont donc préférables, et elles règnent dans l'épopée ; on peut placer plus haut les « pensées » présentées avec justesse et énergie, comme on en voit beaucoup d'exemples dans la tragédie. Il existe encore les « images métaphysiques » : le poète qui sait parler du vide ou de la nature de l'âme suscitera forcément notre admiration.

On place très haut l'inspiration, ou le talent, mais ce n'est, au fond, qu'un équivalent de l'instinct animal. On devrait priser davantage l'esprit. Le progrès, qui s'affirme dans tous les domaines, suppose une ascension de la raison. Si ce mouvement, fût-ce avec quelques pauses, se poursuit, l'esprit vaincra le talent ; on demandera au poète de nous instruire plutôt que de nous charmer par des fables barbares ou par les puérilités de la versification. Les rythmes mesurés pourront donc disparaître, ou du moins ne subsister que dans la « poésie galante et enjouée » et dans les hymnes ou les chansons.

Paul Valéry admirait La Motte et Fontenelle, et il nous semble qu'il s'est souvent souvenu de ce traité. N'a-t-il pas, comme Fontenelle, valorisé l'effort volontaire plutôt que l'inspiration ? N'a-t-il pas subtilement distingué les « vers donnés » et les vers construits ? N'a-t-il pas préféré les images spirituelles aux images réelles, les images réelles aux images mythologiques ? N'a-t-il pas souligné le plaisir de la « difficulté vaincue », qui est essentiel à la poésie, et interdit donc d'en relâcher les contraintes, si puériles et arbitraires qu'elles puissent paraître ?

Fontenelle, débordant de loin l'apologie de La Motte qu'il s'était d'abord proposée, se fait ici le prophète clairvoyant des destinées de la poésie. On peut dire qu'il annonce l'intellectualisme de la poésie moderne, son émancipation progressive de la versification, qui toutefois demeure inévitable dans tout ce qui est plaisant ou destiné à être chanté. Enfin, le philosophe dessine le portrait de l'homme moderne — tel qu'il devrait être, tel qu'on a longtemps cru qu'il serait — affranchi de tout infantilisme, pour ainsi dire de toute passion, presque purement cérébral et conforme ainsi à ce que propose le *Traité du Bonheur*, et à ce qu'exigent les *Fragments de la République*.

NOTES

1. Fontenelle a déjà rendu hommage à La Motte en recevant à l'Académie française le 6 mars 1732 son successeur, l'évêque de Luçon (Michel de Bussy-Rabutin).
2. Il semble parfaitement exact que les peuples primitifs, en particulier les Grecs, connurent la versification avant la prose.
3. Critique habituelle chez les « modernes » de la poésie d'Homère : Fontenelle l'avait formulée dans sa *Digression sur les Anciens et les Modernes*, La Motte dans son *Iliade*, et dans la polémique qu'il entretint ensuite avec Mme Dacier.
4. Fontenelle justifie ici le style « moderne », le sien, celui de Marivaux, par exemple : les néologismes, les métaphores, les tours épigrammatiques ne sont pas de vains ornements ; ils sont indispensables à la précision du discours.
5. C'est le grand problème du « merveilleux », qui suscita tant de discussions du XVIIe au XIXe siècle. L'usage du merveilleux antique dans des sujets modernes a été défendu par Boileau, et surtout par Rubens, qui voyait dans la Fable un moyen brillant de communiquer une morale ou une philosophie. On a, au contraire, tenté des épopées chrétiennes à l'imitation du Tasse, ainsi *La Pucelle* de Chatelain, l'*Alaric* de Georges de Scudéry, le *Saint Paulin* de Perrault.
6. C'est le cas de tous les sujets qui évoquent Rome au début du christianisme. Ainsi peuvent s'affronter déités païennes et merveilleux chrétien. Chateaubriand reprendra cette méthode dans *Les Martyrs*.
7. Commentaire assez critique de la fameuse tempête de l'*Enéide*, chant I, v. 81-123.

8. *Cinna*, v. 201-202.
9. *Art poétique*, v. 187-188.
10. On peut noter que La Motte dans ses odes évite ces formules rebattues.
11. *Saint Louis*, livre IV (*Œuvres Poétiques* du P. Le Moyne, p. 102).
12. Le polémiste des « modernes » s'exprime ici avec une rare violence.
13. Poème de Catherine Bernard, *Plus le Roi mérite de louanges, plus il les évite*. Ce poème, qui fut couronné par l'Académie française en 1693, se retrouve dans les *Pièces de poésie qui ont remporté le prix de l'Académie française depuis 1662 jusqu'en 1747*, p. 111-116. On sait que Fontenelle aida Catherine Bernard dans la plupart de ses ouvrages. Ces vers, s'il ne les a pas écrits, sont conformes à ses conceptions.
14. C. de Bernis, *Les Poètes Lyriques*, ode, dans *Œuvres complètes*, t. I, p. 110 :
    « Moins d'images que de pensées,
    Et moins de talent que d'esprit ».
15. La Motte, ode *Le Souverain*, dans *Œuvres complètes*, t. I, p 179.
16. Ode *Astrée, ibid.*, t. I, p. 7.
17. Cet extrait et les deux qui suivent, sont visiblement empruntés à une ode du temps, qui doit être destinée à défendre la physique et l'astronomie cartésiennes contre le système de Newton. Nous n'avons pu en retrouver l'auteur, même en nous faisant aider par les plus grands spécialistes de la poésie du XVIIIᵉ siècle.
18. *A Monsieur de L. sur la mort de son père*, dans *Œuvres complètes*, t. III, p. 302.
19. Ode *L'Homme* dans La Motte, t. I, p. 100.
20. On se rappelle la célèbre oraison funèbre de Turenne par Fléchier.
21. Fontenelle se souvient ici des *Voyages* de Lahontan pour les castors, et des travaux de Réaumur, dont il a rendu compte dans l'*Histoire de l'Académie des Sciences*, pour les abeilles.

RELATION DE L'ÎLE DE BORNÉO

COMMENTAIRE

Le 16 octobre 1685 fut révoqué l'édit de Nantes, et dans les *Nouvelles de la République des Lettres*, la gazette que Pierre Bayle dirigeait à Rotterdam, paraissait en janvier 1686, la *Relation de l'île de Bornéo*, accompagnée de cette mention : « extrait d'une lettre écrite de

Batavia, le 27 novembre 1684, touchant la guerre civile qui s'est élevée dans l'île de Bornéo, contenu dans une lettre de M. de Fontenelle ». Bayle était passé par Rouen en 1674-1675 et avait pu y rencontrer Fontenelle. Les deux frères Basnage, Jacques le pasteur, et Henri l'avocat, étaient des amis et de Fontenelle et de Bayle. Dans les *Nouvelles de la République des Lettres*, chaque ouvrage de Fontenelle était encensé, et Bayle fit ce qu'il put pour pousser « le neveu de MM. Corneille » vers l'Académie française. Tout cela explique pourquoi Fontenelle, qui avait déjà publié dans cette gazette, en septembre et novembre 1685, le *Mémoire sur le nombre 9*, y fit paraître sa *Relation de Bornéo* et il ne semble pas que Bayle — parfois naïf, comme les érudits et les savants peuvent l'être — y ait vu malice, puisqu'il n'hésita pas à mêler le nom de Fontenelle à cette publication.

Elle était pourtant bien audacieuse et bien dangereuse. Tout autre chose qu'un document ethnologique. Il suffisait de décrypter les anagrammes et les allégories, qui peuplaient ce petit texte. Mliséo était Solime, soit Jérusalem (celle des Juifs et surtout celle du Christ) ; Mréo était Rome, soit le catholicisme, Eénegu était Genève, soit le calvinisme. Les catholiques ont innové ; ils ont perdu la pureté évangélique, ils ont interdit aux prêtres d'avoir des épouses, ce qui ne les empêchait évidemment pas de séduire des femmes, même mariées. Ils ont instauré la communion sous deux espèces, le purgatoire, les indulgences qui se monnayent, et le culte des saints. Eénegu et les disciples de Calvin ont voulu réagir et revenir à l'Evangile. Il faut avouer que si Rome est la fille aînée de Jérusalem, Genève lui est bien plus ressemblante. La guerre civile est venue, et la politique de Louis XIV avant et après la révocation de l'édit de Nantes a incité bien des protestants à se convertir. Conversions plus opportunistes que sincères, et donc douteuses. La guerre va continuer...

Fontenelle est vraiment un homme extraordinaire. Le neveu des frères Corneille, le brillant élève et l'ami des Jésuites, au moment où il vise l'Académie, se permet dans un style allégorique, qu'il n'est guère difficile de décrypter, de dire que le calvinisme est plus proche de l'Evangile que le papisme, et que les progrès du catholicisme dans la France de Louis-le-Grand sont une farce. S'est-il simplement amusé ? A-t-il pensé que cet écrit ne paraîtrait pas, en tout cas ne paraîtrait pas sous son nom ? On y a vu un libelle calviniste — ce qui est presque évident. On l'a parfois attribué à Catherine Bernard, l'amie de Fontenelle, qui attendit octobre 1685 pour se convertir... Pourtant Fontenelle se prétendait catholique, il mourut dans la religion « chrétienne apostolique et romaine », il soutint la politique des molinistes Dubois et Tencin. Se rappellera-t-on qu'il avait, dans sa jeunesse, bien de amis protestants — Bayle, les Basnage, Catherine Bernard, que nous avons évoqués — mais aussi Mme de La Mésangère, l'Iris des *Pastorales*, la marquise des *Entretiens sur la pluralité des mondes* ? Et tout cela n'est peut-être pas contradictoire. Fontenelle haïssait, nous dit Trublet, les jansénistes, et donc le parti « jansénisant », qui s'était groupé à Versailles autour de Bossuet et de Mme de Maintenon. Il était, comme eût dit Boindin, déiste « moliniste » et non déiste « janséniste ». Cela lui permettait de se moquer de la révocation de l'édit de Nantes et des conversions plus ou moins forcées des calvinistes. Cela lui permettait aussi de relever toutes les additions que les catholiques avaient — avec plus ou moins de pertinence — apportées à l'esprit de l'Evangile, et sans doute de rêver d'une religion libérale, qui permît la réconciliation des sectes et une infinie diversité de croyances.

Avec la *Relation de l'île de Bornéo*, commence, peut-on dire, la littérature du XVIII⁰ siècle, en tout cas cette suite ininterrompue d'écrits à la fois provocants et matois, visiblement provocants et à peine matois, où la religion fut jusqu'à la Révolution française blâmée et ridiculisée.

NOTES

1. On doit penser aux conclaves, qui désignent les papes.
2. Anagrammes de Solime (Jérusalem) et de Rome.
3. Le célibat des prêtres est l'objet traditionnel de plaisanteries gauloises.
4. Fontenelle ne pense certainement pas ici, comme on l'a parfois avancé, aux famines qu'a connues la France sous le règne de Louis XIV, mais plus simplement au jeûne et à la communion.
5. C'est la pratique, si souvent jugée scandaleuse, des « indulgences ».
6. Est visé ici le culte des saints.
7. Genève, évidemment.
8. En 1640, Mme de Saint-Géran, qui n'avait pas encore eu d'enfant, se déclare enceinte : la nuit où elle aurait accouché, l'enfant aurait été volé ; puis il est retrouvé et reconnu, et la personne, qui aurait commis ce rapt, avoue. Histoire assez bizarre, mais pas totalement impossible à admettre. Ainsi la filiation de Jérusalem à Genève, de l'Evangile au calvinisme, est compliquée, et on en peut douter. C'est ce que soutiennent les apologistes catholiques, et singulièrement Bossuet. Mais Eénegu ressemble davantage à Mliséo que sa rivale. Si l'esprit évangélique importe plus que l'histoire, les protestants ont raison.

DU BONHEUR

COMMENTAIRE

Tous les critiques répètent, depuis les travaux d'Henri Busson (en particulier *La religion des classiques*) que le stoïcisme, ou plutôt le néo-stoïcisme, de Juste Lipse, du Corneille de 1640, à la rigueur de Descartes, fut peu à peu démantelé, et qu'après 1655 libertins, jansé-nistes, mondains, cartésiens même, s'entendent pour « démasquer Sénèque » et ses émules, et pour ne voir dans la morale du Portique qu'une pose orgueilleuse et stérile. Les *Pensées* de Pascal, les *Maximes* de La Rochefoucauld, les *Fables* de La Fontaine, *La Princesse de Clèves*, *La Recherche de la Vérité*, semblent concourir à cet effort. Le « héros est démoli », comme dira Paul Bénichou dans *Morales du grand siècle*, et même Corneille, dans ses dernières pièces, ne paraît plus croire à la liberté souveraine de la raison.

Ce tableau doit certainement être nuancé. Il est vrai qu'on réim-prime beaucoup moins souvent Sénèque qu'au début du siècle, et que les moralistes — jusqu'à La Bruyère — se moquent de ces sages, qui, accablés de souffrances, serrent les dents pour ne pas gémir. Il ne serait toutefois pas impossible de retrouver dans les tragédies de Racine (par exemple chez Andromaque ou Monime), dans les comé-dies de Molière (par exemple, chez Alceste, qui ne laisse pas, avec tous ses ridicules et ses rubans verts, d'avoir souvent raison), même dans *La Princesse de Clèves*, des souvenirs souvent plus nostalgiques qu'exaltants de l'altier héroïsme de la génération précédente.

Antoine Dacier publia en 1691 une traduction de Marc Aurèle. Dans son traité *Du Bonheur* Fontenelle se souvient visiblement des *Essais* de Montaigne — ainsi quand il peint les vaines agitations des hommes, qui « cherchent le repos dans le branle », et de Pascal — en particulier dans la distinction du moi et de tout ce qui l'orne et le couvre. Mais, ainsi qu'il l'avoue lui-même, il est d'abord revenu à ce que les philosophes, « surtout les anciens », ont proposé pour nous rendre heureux. Or, bien que sa définition générale du bonheur semble inspirée d'Epicure — « un état, une situation telle qu'on en désirât la durée sans changement » — les conseils qu'il dispense pour parvenir à cet état doivent beaucoup à Sénèque.

Une fois qu'on s'est moqué de la fausse sérénité du sage « pressé par la goutte », une fois qu'on a contesté les principes des « philo-sophes rigides », on convient que « le plus qu'on en pourra conserver, ce sera le mieux ».

C'est notre pensée d'abord, et la manière dont nous pouvons

l'orienter, qui nous rendront heureux. Eliminons « les maux imaginaires », n'ajoutons pas aux maux réels les « circonstances imaginaires qui les aggravent », ne nous croyons pas persécutés par le destin, ne nous flattons pas d'être inconsolables, prévoyons les malheurs avant qu'ils n'arrivent, ne nous complaisons pas dans la souffrance, persuadons-nous que les maux apparents peuvent être bénéfiques, évitons l'envie qui nous fait juger les autres plus heureux qu'ils ne sont. Il est vrai que ces conseils ne sont pas recevables par tous, et que beaucoup d'hommes ont un tempérament qui leur interdit d'en tirer parti. La philosophie est « presque inutile », et « ne prêche » que ceux qui sont déjà presque convaincus. On ne saurait rompre avec tout le monde extérieur. Il faut des biens réels pour nous satisfaire : tout au plus pouvons-nous apprendre à ne pas négliger « les petits bonheurs » et à chérir par-dessus tout les plus simples, tels que « la tranquillité de la vie, la société, la chasse, la lecture ». C'est ainsi que l'épicurisme, qui suppose une sorte de fatalisme naturel, et la recherche de jouissances modestes et ponctuelles (sans avenir, presque sans passé) complètent ce stoïcisme, qui a perdu tout orgueil.

On ne saurait dire que Fontenelle nous donne de l'existence humaine une image bien flatteuse : la plupart des hommes sont voués au malheur, soit que leur condition soit trop dure, soit que leur tempérament leur interdise toute satisfaction durable ; les projets sont destructeurs, et l'avenir « est une espèce de charlatan » ; les passions n'apportent que malaise et déceptions : non seulement l'ambition, ce qui serait banal, mais même l'amour, que Fontenelle, dans ses *Pastorales*, avait tellement chanté. Dans cet univers presque désespéré qu'il nous peint, il faut « se réduire » et « se resserrer » autant que possible, et revenir enfin au plus grand des biens — la bonne conscience, qui nous assure un asile, quand tout va mal. Faire son devoir, ne compter sur rien ni sur personne, éviter de se plaindre, se comparer pour ne pas trop gémir aux plus malheureux des mortels — tels sont les tristes conseils de Fontenelle. Son traité *Du Bonheur* finit par ressembler à une « consolation », à la manière des stoïciens, une consolation d'être homme et voué au malheur.

Aucune référence religieuse, aucune forme de libertinage plus ou moins hédoniste. Une morale fort austère, pas trop éloignée du piétisme kantien, ni de la tradition protestante, ni de Rousseau — capable de forger des hommes modestes et relativement heureux, de bons citoyens, en tout cas, pour un Etat raisonnable.

NOTES

1. On croirait retrouver encore une fois la « querelle des Anciens et des Modernes » et une critique de la philosophie antique. Le texte de Fontenelle est bien plus nuancé, et ne se réfère — au moins en apparence —à aucun moraliste du XVIIᵉ siècle.
2. Définition classique, scolaire, pourrait-on dire.
3. Expression ironique, qui rappelle toute la critique du stoïcisme de la deuxième moitié du XVIIᵉ siècle (en particulier La Rochefoucauld, Malebranche et La Fontaine).
4. On se rappelle évidemment Montaigne accablé par la gravelle, et Epictète.
5. Nous ne sommes, pour ainsi dire, qu'à la fin de l'introduction. La « philosophie » est « presque inutile » et ne peut servir qu'à certains caractères.
6. On mesure l'incroyable pessimisme de cette formule. Fontenelle est bien loin de l'optimisme relatif, au moins de la gaieté, des *Pastorales* et des *Entretiens sur la pluralité des mondes*, où la marquise et son ami s'enorgueillissaient du bonheur d'être ce qu'ils étaient, en tout cas d'appartenir à un pays de culture et de raison.
7. L'expression est banale pour désigner les stoïciens.
8. Fontenelle annonce ici la « mathématisation de la morale » que recommanderont les philosophes anglais, Bentham et Stuart Mill. Il louera dans *L'Histoire de l'Académie des Sciences* (*éloges de Bernouilli* et *de Montmort*) l'utilisation des mathématiques dans « les choses morales et politiques » et dans l'art du « gouvernement ».
9. Fontenelle nous confie peut-être ici « comment Fontenelle était heureux », ainsi que l'affirmait Saint-Lambert (cité dans Robert Mauzi, *L'idée du bonheur au XVIIIᵉ siècle*, p. 94, note 1) : en tout cas, la lecture et la conversation étaient certainement ses divertissement préférés.
10. « Flegme : Terme de Chimie. Est un des principes passifs de la Chimie. C'est l'humidité fade et insipide qui sort des corps naturels par la distillation » (*Dictionnaire* de Furetière).
11. Maxime stoïcienne ou kantienne.
12. On peut se souvenir de l'*aurea mediocritas* chantée par Horace. On peut aussi se souvenir des *Dialogues des Morts*, où Sénèque était raillé d'avoir fait sa cour à Néron, et d'avoir donc si peu appliqué dans la vie ses maximes de sagesse et de modération.

DE L'ORIGINE DES FABLES

COMMENTAIRE

La mythologie régnait dans l'art et la littérature du XVIIᵉ siècle, et on la conciliait fort bien avec le christianisme. Qui eût suspecté la foi de Rubens et celle de Fénelon, qui peuplaient l'un et l'autre leurs fictions de toutes les déités de la Fable ? Les jésuites depuis longtemps avaient justifié l'étude des poètes antiques, qui, bien présentés, devenaient *quasi Christi praecones*. Le Père Thomassin dans sa *Méthode d'étudier & d'enseigner chrétiennement & solidement la philosophie par rapport à la Religion chrétienne et aux Ecritures*, et Pierre-Daniel Huet, dans sa *Demonstratio Evangelica*, avaient édifié un système plus rigoureux : les vérités révélées par Moïse avaient circulé chez les Egyptiens, les Phéniciens, les Assyriens, les Grecs (même les Chinois et les Américains) : toutes les mythologies se ressemblaient et pouvaient être regardées comme des prismes de l'Ancien Testament ; Zoroastre était Moïse ; l'histoire de Josué et celle d'Elie se retrouvaient, masquées, dans les *Métamorphoses* d'Ovide. Cela donnait à la Fable gréco-romaine une autorité singulière : les spectateurs des tableaux, les lecteurs des poèmes, étaient invités à remonter à travers ces légendes apparemment un peu bizarres à une éternelle source de vérité. Cela entraînait aussi au comparatisme : Georges Dumézil, après tout, pourrait être regardé comme l'héritier de Huet, qui découvrait les mêmes événements et les mêmes significations dans les fables helléniques et dans les fables scandinaves.

Fontenelle était incité par « la querelle des Anciens et des Modernes » à méditer sur le merveilleux antique. Il l'avait lui-même — et comment l'éviter ? — employé dans ses opéras. Il avait ranimé les histoires de *Psyché*, de *Bellérophon*, de *Thétis et Pélée*, d'*Enée et Lavinie*, d'*Endymion*. Il s'en justifie dans *De l'Origine des Fables*, reconnaissant que les créations de la mythologie « ne peuvent manquer de faire un effet agréable, soit dans les poèmes, soit dans les tableaux où il ne s'agit que de séduire l'imagination... »

« Un effet agréable » — soit, mais est-ce tout ? Ce charme contient-il quelque vérité ? Faut-il chercher dans les mythes d'Homère et d'Ovide les grandes leçons de la Bible, ou au moins quelque substantiel enseignement ? Fontenelle ne le croit pas ; il plaisante de ces « esprits follement amoureux de l'antiquité », qui se sont imaginé que « sous ces fables sont cachés les secrets de la physique et de la morale ».

Il a lu Thomassin et Huet et sait utiliser le comparatisme. Il relève « une étonnante conformité entre les fables des Américains et celles des Grecs ». Mais cette conformité s'explique-t-elle par la diffusion du judaïsme à travers les peuples et les continents ? Non pas — le philosophe préfère imaginer la démarche naturelle de l'esprit humain qui, dans tous les siècles et dans toutes les contrées, procède de la même manière et aboutit donc à des erreurs analogues.

L'ignorance fait voir des prodiges, et ces prodiges sont embellis par l'imagination, et encore embellis en circulant de bouche en bouche. L'homme explique toujours l'inconnu en le ramenant au connu. Ainsi s'expliquent tous ces dieux, qui, pareils à des hommes, mais plus forts qu'eux, suscitent des tempêtes ou lancent la foudre. Les barbares créent de nouvelles légendes en mêlant les faits qu'ils observent à « la fausse philosophie ». La mythologie se généralise et se multiplie. Le respect de l'antiquité l'invétère, parfois des quiproquos — des « calembours », dira Valéry — forgent de nouvelles fables.

Ce traité fut composé, nous dit Trublet, entre 1691 et 1699, et l'historiographe de Fontenelle nous fait remarquer que ce n'est qu'un « détachement » de Sur l'Histoire, un opuscule que le philosophe avait écrit auparavant. Cet opuscule ne fut publié qu'après la mort de Fontenelle. On y retrouve deux parties — l'une consacrée à la mythologie qui fut, en effet, reprise dans De l'Origine des Fables, et l'autre, relative à l'histoire, dont un passage a été ici utilisé. Pour nous faire comprendre que dans tous les siècles l'esprit humain opère selon la même méthode et avec les mêmes risques d'erreurs, Fontenelle évoque, en effet, la morale — motifs et portraits — qui est venue, au temps d'Auguste et au XVIIᵉ siècle, enrichir la sécheresse des chroniques. Méthode qui peut paraître fructueuse et qui apporte sinon de la profondeur, du moins de l'intérêt, aux récits historiques, mais n'y a-t-il pas, si l'on y réfléchit, autant de prévention, ou autant de fantaisie, dans ce système que dans les fables des barbares ?

L'essai de Fontenelle fut utilisé dans des ouvrages clandestins du XVIIIᵉ siècle — dans l'Examen de la Religion et dans Des Miracles. Ce que Fontenelle disait des mythologies gréco-latine ou américaine, peut, en effet, s'appliquer au christianisme. Le comparatisme, imaginé par des hommes d'Eglise, se retournait contre eux. Au lieu de démontrer la vérité, voire la profondeur, de la Fable, il suggérait la facticité du christianisme. Fontenelle disait même, avant Feuerbach, que la conception de la divinité, à qui on donnait d'abord seulement le pouvoir avant de lui accorder sagesse et bonté, n'était qu'une sublimation des valeurs humaines.

Malebranche l'avait aidé, comme il aidera bien des auteurs de traités clandestins. L'oratorien ne contait-il pas dans la Recherche de la Vérité (II, III, 6) l'histoire d'un pâtre, qui, pris de vin et surpris du bruit qu'il entend dans sa bergerie, imagine un sabbat et se fait croire de sa femme, de ses enfants, bientôt de ses voisins, qui surenchérissent sur son invention ? Mais il est presque impossible que notre bel esprit, si curieux de tout, n'ait pas lu Spinoza, que Huet voulut réfuter dans sa *Demonstratio Evangelica*. Or, Spinoza, avec un virulence inconnue à Malebranche, avec une audace qu'aucun Français à l'époque n'eût conçue, démontrait que la Bible était pleine d'erreurs et il expliquait l'histoire de Josué arrêtant le soleil de la même manière que Fontenelle explique ici l'histoire d'Hylas. L'adresse et l'audace du bel esprit sont également admirables. Il ne paraît d'abord qu'un allié de Perrault, un adversaire de la mythologie un peu plus systématique que l'auteur des *Parallèles*. Puis il détourne le comparatisme de Thomassin et de Huet et en exhausse les sources spinozistes. A l'issue il ne reste plus que l'ignorance et la crédulité humaines, un aristocratisme frileux — « il n'y a point de peuple dont les sottises ne doivent faire trembler » —, un Dieu sublime auquel l'humanité, éclairée, est enfin parvenue, qui surplombe, comme les dieux d'Epicure, toutes les sottises dans lesquelles les nations de l'univers entier ont voulu le défigurer et l'enchaîner.

NOTES

1. Sont ainsi exceptés tout de suite les nations juives et leurs descendants. Huet, dans sa *Demonstratio Evangelica*, affirmait, au contraire, que les vérités du judaïsme avaient circulé parmi les peuples d'Orient, et c'est ainsi qu'il expliquait les affinités de toutes les mythologies avec la Bible et même l'Evangile. Il est vrai que dans le *Traité de l'Origine des Romans*, il évoque la curiosité de l'esprit humain, qui l'amène spontanément à forger des fables, et nous sommes alors tout près de Fontenelle.
2. C'est à peu près l'analyse de Malebranche (*Recherche* [...], II, III, 6).
3. Nous sommes cette fois très loin de Huet, tout près en revanche de Spinoza, *Traité Théologico-politique*, chap. IV, V, VI.
4. Le mécanisme cartésien devient à son tour une mythologie, enfantée selon les mêmes principes que les fables des barbares.
5. A nouveau une analyse de ton spinoziste.
6. *L'Iliade*, chant V, v. 835-863.
7. *Tusculanes*, I, XXVI, 65.
8. Histoire d'Hylas, Théocrite, *Idylle, XIII*, v. 43-60.
9. C'est la vieille tradition de l'evhémérisme qui reparaît ici.
10. La comparaison du siècle d'Auguste et du siècle de Louis XIV est banale au XVIIᵉ et au XVIIIᵉ siècle. A l'époque de Fontenelle, Saint-

Réal, dans *De l'usage de l'histoire*, et Saint-Evremond dans les *Observations sur Salluste et Tacite*, insistèrent sur la valeur morale et psychologique de l'histoire.

11. On peut évoquer les récits de voyage de Bernier, Tavernier, Chardin, et toute cette curiosité pour le monde arabe, qui aboutit à la traduction des *Mille et une nuits* par Galland, mais Huet, dans son *Traité de l'Origine des Romans*, avait déjà évoqué les « fables arabes ».

12. Histoire de Callisto, fille de Lycaon, aimée de Jupiter, et histoire d'Arcas, fils de Jupiter et de Callisto (*Métamorphoses*, II, v. 55-166).

13. L'histoire des mûres est tirée de l'épisode de Pyrame et Thisbé, *Métamorphoses*, IV, v. 55-166) ; celle de la perdrix de l'épisode de Dédale (*Métamorphoses*, VIII, v. 236-250), mais Fontenelle a modifié le récit d'Ovide : Dédale y précipitait Perdrix dans le vide, et Pallas le transformait en perdrix au cours de sa chute.

14. Nous sommes cette fois dans le folklore français, pas très loin de la *Légende dorée*. Perrault, dans ses *Contes* utilisera ce merveilleux populaire à la place du merveilleux antique.

15. Les polémiques littéraires se retrouvent ici, mais Malebranche avait déjà signalé le danger d'une excessive vénération de l'antiquité (*Recherche de la Vérité*, II, III).

16. La critique religieuse se devine sous la critique littéraire.

17. Dans le *Traité de l'origine des romans*, Huet affirmait que « les histoires fabuleuses » avaient d'abord vu le jour en Orient, « chez les peuples du Levant » (p. 10, 157-158).

18. Dans la *Demonstratio Evangelica* Huet étend la propagation du judaïsme (avec des déformations fabuleuses) jusqu'en Chine et en Amérique.

19. Il est possible que Fontenelle se soit ici souvenu du *Commentaire royal, ou Histoire des Incas, rois du Pérou*, tr. par J. Baudoin : t. I, p. 166 et 267.

20. *Ibid.*, I, p. 71.

21. Voir le *Confucius sinarum philosophus*, que nous avons déjà évoqué à propos de la *Digression sur les Anciens et les Modernes*.

22. Hérodote, II, 56, 57.

DE L'EXISTENCE DE DIEU

COMMENTAIRE

Fontenelle admirait et pratiquait la méthode cartésienne. Il n'était nullement convaincu par la métaphysique des *Méditations* ni par celle de *La Recherche de la Vérité* ni par celle de la *Théodicée*. « L'ancienne philosophie n'a pas toujours eu tort », écrivait-il dans ses *Fragments de la connaissance de l'esprit humain*. C'est ainsi que pour démontrer l'existence de Dieu il préférait aux arguments métaphysiques les vieilles preuves tirées de l'observation de la nature. Quelque esprit de paradoxe se discerne dans ce petit traité. Ce ne sont pas les montagnes, ni, comme dans les *Entretiens sur la pluralité des mondes*, les merveilles du firmament, qui attestent l'intervention divine. Ce sont les animaux, et même pas les prodiges de leur anatomie. Simplement la naissance des « deux premiers de chaque espèce ». Un matérialiste conséquent doit admettre qu'ils ont été formés par « la rencontre fortuite des parties de la matière ». Comment y croire ? Nous ne voyons rien de tel, et quand même nous croyons le voir — ainsi pour les macreuses ou les vers — ce n'est qu'une illusion, et il faut admettre « des semences que l'on n'avait pas aperçues ». Quant à supposer, comme Lucrèce, qu'au début du monde la terre avait plus de vigueur et de fécondité qu'elle n'en a maintenant, ce n'est pas impossible, mais pour produire et les animaux et tout ce qu'il leur faut pour vivre (les eaux, les herbes, etc.), elle devait forcément être dans l'état où elle est maintenant. La génération spontanée doit donc être abandonnée. Reste un couple d'animaux créés pour vivre où ils peuvent se nourrir, et assez forts même pour chercher leur nourriture. Cela implique évidemment une création intelligente et organisée — et donc un Dieu.

Dans ses *Dissertations sur l'existence de Dieu*, le libéral, ou arminien, Isaac Jaquelot avait avancé cet argument, mais il le présentait parmi toute une foison de preuves théologiques ou métaphysiques. Fontenelle, au contraire, s'y est limité. Sans doute a-t-il voulu aller à l'essentiel et ne retenir que l'irréfutable. Cette concision, cette économie de moyens, n'affaiblissent nullement son raisonnement ; elles le renforcent plutôt, elles le font paraître plus réfléchi et plus sincère. Aucune raison d'imaginer sur un matérialisme profond une théologie en trompe-l'œil, conventionnelle ou dictée par la prudence. Fontenelle est déiste, mais son Dieu ressemble bien plus à celui d'Epicure qu'à celui de l'Evangile (ou de Voltaire). Une fois admis son existence, il ne faut attendre de lui aucune assistance, ni rémunération ni vengeance.

NOTES

1. Beaucoup de penseurs, à la fin du XVIIᵉ siècle, se moquaient des preuves métaphysiques (en particulier cartésiennes) de l'existence de Dieu. Jaquelot, dans la *préface* de ses *Dissertations sur l'existence de Dieu*, publiées en 1697, affirmait : « Il est vrai que cette partie

qu'on nomme métaphysique va un peu plus loin, mais ses idées sont si abstraites et souvent si embarrassées et si épineuses, que peu de personnes s'appliquent à les méditer, et qu'il y en a encore moins qui en soient et touchées et sincèrement persuadées ».

2. Distinction un peu pascalienne entre « l'art de démontrer » (ou « pousser à bout ») et « l'art de persuader ».

3. Jaquelot, p. 340 : « Si on recherche dans les principes d'Epicure, quelle est la cause qui a produit tant d'espèces de créatures, par le seul mouvement de la matière, il est clair qu'on ne voit point d'éléphants, de lions, de chevaux, de bœufs, de brebis sortir aujourd'hui de la terre, qu'on nous dise la raison, pourquoi elle n'en produirait plus ? Mais ce serait parler pour parler, et sans rendre aucune raison de ce qu'on dit ».

4. Raisonnement assez serré : il suffit que quelques espèces échappent à la génération spontanée, ce qui est évident.

5. Jaquelot, p. 342-343 : « Mais on nous objecte qu'il s'engendre tous les jours des insectes de pourriture et de corruption, ceux qui ont le plus étudié et examiné la nature des animaux et de leur génération, rejettent avec raison cette production qui se ferait par voie de corruption. Car quand on considère les œufs des chenilles, des mouches et des autres insectes, quand on fait réflexion sur tous ces petits animaux, que les microscopes font découvrir dans les liqueurs, et généralement dans tous les corps, il faut nécessairement demeurer d'accord qu'il n'y a aucun lieu dans la Nature où la semence des insectes ne puisse entrer ».

6. On retrouve ici la démarche de Fontenelle, préférant la physique à la métaphysique, et la brièveté (en dépit des fleurs du style) à la rhétorique.

7. Ici se discerne, sous une apparente discrétion, la portée polémique de l'essai : ne s'agit-il pas d'abord de ruiner la majesté des raisonnements de Descartes, de Bossuet et de la plupart des apologistes du christianisme ?

LETTRE AU MARQUIS DE LA FARE

COMMENTAIRE

Fontenelle avait certainement rencontré l'illustre marquis de La Fare chez sa maîtresse, Mme de La Sablière, mère de Mme de La Mésangère. Il le retrouva dans l'entourage de Philippe d'Orléans, dont La Fare était capitaine des gardes.

Le « gros marquis » avait beaucoup d'esprit et peu de religion. Il avait demandé un jour comment la résurrection des corps pourrait s'opérer : ne supposait-elle pas « un espace immense », puisque tous les hommes, qui avaient vécu depuis le début du monde, devaient être regroupés ? Fontenelle trouva un expédient assez simple. Les eaux, le soleil, la terre, les cailloux, les montagnes, le ciel et les étoiles, devenus inutiles aux hommes qui échapperont aux « nécessités de la vie », pourront se décomposer et offrir donc assez de matière pour former tous les corps qui ressusciteront. Au demeurant, s'il le faut, Dieu pourra enlever aux corps leur superflu, et d'abord rendre à La Fare sa sveltesse d'autrefois.

On part d'une question faussement naïve. On passe par un sophisme assez badin. On termine par des bouffonneries et des grivoiseries. La résurrection des corps est donc défendue, présentée comme possible, mais à quel prix ! Les deux libertins, celui qui a posé la question, et celui qui l'a résolue, peuvent communier dans les mêmes ricanements et se féliciter d'avoir ridiculisé le dogme en affectant de s'y intéresser ou de le vouloir défendre.

NOTES

1. Saint-Simon nous dit, en effet, que La Fare était plein d'esprit et le présente comme « un homme que tout le monde aimait, excepté M. de Louvois » (*Mémoires*, t. XXIV, p. 78-79).
2. *Ibid.*, *loc. cit.* : il était « démesuré en grosseur ».
3. Antoine-Gaston-Jean-Baptiste, duc de Roquelaure, maréchal de France (1656-1738).
4. Louis-Armand, duc d'Estrées (1682-1723).

FRAGMENTS DE LA RÉPUBLIQUE

COMMENTAIRE

Fontenelle avait avoué à ses proches qu'il avait composé une *République* à la manière de Platon. On publia sous son nom, en 1768, une utopie matérialiste et communiste, intitulée *La République des Philosophes ou l'Histoire des Ajaoiens*. Les journalistes hésitèrent à accepter cette attribution : les rédacteurs du *Journal Encyclopédique* (mai 1770 et février 1778) s'y rallièrent d'abord, puis y renoncèrent ; ceux du *Mercure de France* (janvier 1778) omettent, dans leur compte-rendu, de citer Fontenelle, et dans l'*Encyclopédie méthodique* (1782) on s'abstint de parler de l'auteur. La querelle est encore ouverte : voir, en particulier, la communication d'Antony Mc Kenna au *Colloque Fontenelle*. L'authenticité des *Fragments de ce que M. de Fontenelle appelait sa République* est, en revanche, indiscutable, et il faut avouer que les deux textes présentent un certain nombre d'analogies.

Les *Fragments* ont dû être écrits vers 1710-1715, quand l'abbé de Saint-Pierre, le grand ami de Fontenelle, dénonçait le pouvoir des ministres, ces « vizirs », et proposait de les remplacer par des conseils. On sait que la polysynodie fut essayée au début de la Régence, et abandonnée, dès 1717, sur les conseils de Dubois.

Fontenelle propose, en effet, un étagement de conseils : au plus bas les juges chargés des procès civils et de la police ; puis les magistrats, qui « jugeront les jugements des premiers » et ordonneront « des édifices publics, des fêtes, des spectacles » ; au sommet trois ministres d'Etat, dont les décisions seront prises à la majorité. Il y aura aussi des conseils dans les villes, et un corps de négociateurs.

Plus audacieusement, le philosophe envisage l'anéantissement de tout l'Ancien Régime. Les charges ne pourront être héréditaires. Les impôts ne seront acquittés que par les riches, et proportionnellement à leurs biens. Le service militaire sera obligatoire. Enfin, « il n'y aura ni nobles ni roturiers. Tous les métiers seront également honorables ». On ne va pas jusqu'au communisme des Ajaoiens, mais la propriété privée n'est plus inviolable — ainsi pour les terres qu'un homme pourra s'offrir de cultiver mieux que leur propriétaire.

Cela va bien plus loin que les conseils créés par le Régent. Mais on sait que Philippe d'Orléans envisageait, grâce au système de Law, de racheter tous les offices et de remplacer leurs détenteurs par ce qu'on pourrait appeler des « fonctionnaires ». C'eût été la Révolution— celle que Louis XV et Maupeou tentèrent encore en 1770. L'échec de Law fut évidemment ourdi par les privilégiés, que tant d'audace consternait.

A la manière de Platon et de beaucoup d'utopistes, Fontenelle insiste sur la propagande, qui cimentera cette république révolutionnaire : statues pour les grands hommes et, ajoute-t-il avec humour, les belles femmes ; musée de cire pour les célébrités, spectacles et discours patriotiques.

Nous ne sommes pas dans l'une de ces républiques de rêve, où abordent des aventuriers ou des naufragés. Nous demeurons en France, et Fontenelle ne désespère peut-être pas de voir un jour l'Etat idéal qu'il imagine se réaliser. Il annonce évidemment la Révolution et la Troisième République. Ces brefs *Fragments* nous font mesurer l'immense lenteur avec laquelle les idées s'incarnent. Ce que de beaux esprits, des princes, des prélats, concevaient au début du XVIIIᵉ siècle mit à peu près deux siècles pour se réaliser, et encore, avec des atténuations et des ménagements, qui semblèrent, qui furent peut-être, indispensables.

NOTES

1. L'impôt sur le revenu (et limité aux riches) est donc la seule ressource de l'Etat, ce qui exclut les impôts indirects, les emprunts, etc.
2. Phrase obscure : comprendre que les magistrats pourront être choisis dans toutes les professions, à condition d'avoir le bien exigé.
3. Curieuse disposition : les magistrats pourront être cassés, et non leurs jugements.
4. On sait que Fontenelle fut secrétaire de l'Académie des Sciences jusqu'à quatre-vingt-trois ans.
5. Les élections, faites à suffrage secret, offrent évidemment plus de garanties que celles qui s'opèrent dans le tumulte des assemblées.
6. On aura donc, comme dans la France actuelle, deux armées : les appelés et les volontaires, ou engagés.
7. Les grades ne sont donnés qu'à la fin d'une longue carrière, mais ils échappent à l'arbitraire des ministres ou des princes.
8. Nouvelle mesure pour interdire l'hérédité des charges.
9. Curieuse énumération : on aurait pensé que Fontenelle allait invoquer des griefs plus graves que ces fautes dans les relations humaines.
10. Cette mesure est sans doute destinée à adoucir la justice : des peines symboliques sont, autant que possible, préférées à des sanctions sur les personnes ou les biens.
11. Ainsi le mariage retrouve-t-il sa valeur et son sens véritables, et l'accumulation des fortunes est-elle interdite.
12. On retrouve ici le féminisme de Fontenelle : les femmes, dans le mariage, ont, au fond, plus de liberté que les hommes.
13. On n'est pas très loin des « fêtes révolutionnaires ».
14. Fontenelle s'est toujours moqué de la rhétorique et des emportements plus ou moins sincères des avocats.
15. La robe et l'épée signifient ici des fonctions et non des ordres auxquels tels ou tels privilèges seraient dévolus.

TABLE

PRÉSENTATION PAR ALAIN NIDERST   5
   Introduction   5
   Chronologie de la carrière et des opuscules de Fontenelle   12
   Indications bibliographiques   13

DESCRIPTION DE L'EMPIRE DE LA POÉSIE   19
LETTRE SUR « LA PRINCESSE DE CLÈVES»   25
DIGRESSION SUR LES ANCIENS ET LES MODERNES   31
PARALLÈLE DE CORNEILLE ET DE RACINE   49
SUR LA POÉSIE, EN GÉNÉRAL   51
RELATION DE L'ÎLE DE BORNÉO   77
DU BONHEUR   81
DE L'ORIGINE DES FABLES   97
DE L'EXISTENCE DE DIEU   113
LETTRE AU MARQUIS DE LA FARE   121
FRAGMENTS DE LA RÉPUBLIQUE   125

COMMENTAIRES ET NOTES   133

CET OUVRAGE
A ÉTÉ REPRODUIT
ET ACHEVÉ D'IMPRIMER
PAR L'IMPRIMERIE FLOCH
À MAYENNE EN AOÛT 1994

Nº d'impression : 36327.
D.L. : septembre 1994.